Purpose Based Instagram

鄭 泰玉
Chong Teogi
株式会社ナインクラフト CEO
株式会社エンファム、取締役 CMO

パーパス・ベースド・インスタグラム

本気でブランドをつくりたい人のためのインスタグラムの教科書

はじめに
～なぜ、あなたの会社のインスタグラム運用は失敗するのか？

企業におけるインスタグラム運用は簡単ではない。

そう感じている人は多いと思います。

「写真や動画を撮影して、アップする」

インスタグラムの機能自体はとてもシンプルです。何も思い悩むことはないように感じます。しかし、シンプルなルールがシンプルなゲームを作るとは限りません。

シンプルさは時に余白を生み出し、人間の想像力をかき立てます。

例えば、絵を描くのが苦手な人は真っ白なキャンバスを前にすると筆が進みません。描く対象やルールが示されていないと、何をどう描いたらいいのか見当がつかないからです。

反対に、絵を描くのが好きな人は真っ白なキャンバスを好みます。広大な余白を前にすると心からワクワクし、自分のイメージを自由に表現できると感じるからです。そして、創造性が存分に発揮された作品は人々の心を強く惹きつけ、共感や新しいつながりを生み出していきます。

シンプルで余白があるからこそ、何かが生まれる。私は、インスタグラムは白いキャンバスと同じようなものだと思っています。

創造することや対話することから逃げ、フォロワーや新しくつながる人たちを「刈り取り対象」としか見ていない企業アカウントは、共感されず、存在感を示すことができません。

反対に、創造することや発信することを楽しみ、フォロワーと活発に交流する企業アカウントは、自然と多くの人に求められ、注目される存在になっていきます。


現在、多くの企業が集客や売上向上のためのツールとしてインスタグラムを活用しています。しかしながら、現場で働く運用担当者の多くは、思い通りにならない現状に頭を抱えています。

「フォロワーが増えない」

「エンゲージメント率が悪い」

「売上につながらない」

インスタグラムを行う目的は様々ありますが、多くの企業は「数字」を目的の最上位に置いています。フォロワー数、いいね数、リーチ数、保存数、売上や利益への貢献度……。たしかに、営利組織にとって数字は活動成果を測る指標としてわかりやすいため、インスタグラム運用でも重視されています。

ただ、数字を追い求めるがゆえに、結果としてインスタグラム運用に失敗している企業が増えているのではないかと、私は感じています。クリエイティブなアイデアは、数字を追いかけることでは生み出せません。むしろ、短期的なバイアス思考を招くことにつながり、アイデアの阻害要因となってしまいます。

「色々な施策をやったが、これじゃない感がある」

「クリエイティブさに欠ける発想やアイデアしか出てこない」

「小手先のテクニックだけではダメな気がしている」

「もしかすると、根本的な考え方が間違っているのかも……」

数字を追い求めるがゆえにクリエイティブなアイデアから遠のいてしまう。少なくない企業がそのことに気づいていないために、うまくいかない現状に対して違和感を覚えながら、その理由を明確に言語化できていないのです。

私はこれまで100を超える企業のご相談に乗ってきました。お客様の規模、業種、困りごとは実に様々ですが、抱えている課題にそれほど大きな違いはありません。ただ、課題の捉え方や運用チームの状況などを細かくヒアリングしていけば、その企業特有の原因が必ず浮かび上がってきます。

企業の実情に合わせて最適な戦略を立て、浮かび上がってきた課題に対してアプローチしていくことが私たちの仕事です。実際に困りごとが起きている現場で、お客様と一緒になって頭と手を動かし、そこで得た知見をもとにトライ&エラーを繰り返しながら様々な課題を解決してきました。そして、こうした経験を重ねていく中でインスタグラム運用の「本質」のようなものを見いだし、当社独自の考え方を作り上げてきました。

そのような日々を過ごすうちに、多くの企業が共通してインスタグラム運用にまつわる「根深い課題」を持っていることに気がつきました。

それは、「人として当たり前の感覚を失ってしまっている」ということです。

インスタグラム運用は一般的な広告とはまるで違います。広告は企業からの一方通行ですが、インスタグラムは企業と顧客、双方向のコミュニケーションが大前提となります。そして、企業からの発信を通じて、顧客の「なんか良いかも」という感情を作り出し、コミュニケーションを取る中でいかに良質な関係を築いていけるか、つまり「つながりの質」が運用の成否を左右する鍵となります。

より良い「つながり」を作り出していくためには、普段私たちが生きる上で大切にしている「共感する気持ち、他者を思いやる気持ち、ワクワクを楽しむ気持ち」といった感情的要素が必要不可欠になります。

ところが、「売上への貢献」「即効性のあるマーケティング」といったお題目を与えられた瞬間、人は当たり前のことを忘れてしまいます。相手がどう思うかよりも、自分たちが何を伝えたいかばかりに関心を寄せ、顧客の声に耳を傾けることができなくなってしまうのです。数字至上主義もその片棒を担いでいます。数字は結果を評価するために使うものであり、何かを生み出す時に使うべきものではないからです。

なぜ、このようなことが起こっているのか？

どうやってそれを解決していけばいいのか？

これらの問いについて「パーパス（Purpose）」という言葉を軸にしながら読者と一緒に考え、その答えを探っていくことが本書の大きな目的です。

ただ、私は研究者ではなく、バリバリの実践者です。体系的にまとめたデータや知見をもとに理論立ててお伝えすることは、あまり得意ではありません。その代わり、数多くの経験を通して得たインスタグラム運用の「本質」のようなものをシェアし、皆さんと一緒に考えていくことで、問いの答えにたどり着くことはできると思っています。

そのため、本書は「これだけやれば、必ず成功する！」といった単純明快なテクニックではなく、インスタグラム運用をよりクリエイティブに、ワクワク楽しいものとし、顧客との「つながりの質」を継続的に高めていくための思考法をお伝えする内容となっています。

インスタグラムにおいてアルゴリズムやハック思考が大事でないとは言いません。しかしながら、最も大事なことは、ビジネスの常識で凝り固まった頭をほぐし、「人としての当たり前」に立ち返りながら、企業から失われてしまった人間的アプローチを取り戻すことです。

なぜなら、私たちがより良く生きるために大切にしている人間関係の法則は、インスタグラムでも同じような力を持つからです。それは短期的なハック思考よりも、あなたにより多くの利益をもたらしてくれるはずです。

インスタグラムにおける顧客とのコミュニケーションは、現実世界における人間同士のコミュニケーションとよく似ています。そこでは時に、事実よりも感情が力を持ち、結論よりもプロセスが重視されます。

とはいえ、難しく考える必要はありません。特別な手法や新たなスキルを身につける必要もありません。大切なのは、目を閉じ、耳を澄ませることです。あなたが必要としているものは、すでにあなたの中にあります。

それを見つけるための鍵となるのが、本書でご紹介する「パーパス・ベースド・インスタグラム（Purpose Based Instagram）」です。

昨今、ビジネスの世界では「パーパス」という言葉を耳にすることが増えています。直訳すれば、目的、意図という意味ですが、ビジネスの世界では企業や事業の存在理由、つまり「何のためにそれはあるのか？」といった文脈で使われています。

図1　パーパス・ベースド・インスタグラムの全体像

一般的に、この言葉は経営に紐づけられることが多いため、社長や役員が使うものといったイメージを抱く人が多いでしょう。しかし、実際は現場で働く私たち一人ひとりにも「パーパス」は深く関係しています。

「なぜ、自分たちはこの商品・サービスを売っているのか？」

「そもそも、この商品・サービスは何のために存在しているのか？」

「これを使うと、お客様はどんな気持ちになるのか？」

日々数字に追われ、忙しく働いていると、このような本質的な問いを考えることは難しいでしょう。また、組織の中で「そもそも論」を展開すると煙たがられるという事情もあるかもしれません。

しかしながら、こうした本質的な問いの中

にこそ、「フォロワーが増えない」「売上につながらない」といった課題の解決策が隠れていると私は考えています。

運用チームが一丸となって考え、本質的な問いを徹底的に議論していけば、必ず多くの顧客の心をつかむことができるでしょう。

インスタグラムの運用を、よりクリエイティブに、ワクワク楽しいものにしていきませんか？

さあ、ここがスタートラインです。

パーパス・ベースド・インスタグラム

本気でブランドをつくりたい人のための
インスタグラムの教科書

目　次

Purpose Based Instagram

05 インスタグラムの戦略

06 パーパス起点でインスタグラムの施策を考える

09 インスタグラムのアカウント運用で迷った時にチームみんなで考えたい「9の問い」

装幀　本澤博子
図版　桜井勝志

01

なぜ、企業は
インスタグラムを
やるべきなのか？

私たちは毎月、十数社のSNSマーケティング戦略に関するご相談に乗っていますが、リアルのコミュニケーションが制限された新型コロナウイルスの発生以降、多くの企業が「うちの会社もインスタグラムやらなきゃ」という意識を強く抱くようになったと感じています。

「うちの会社でもインスタグラムをやったほうがいいの？」

上司にそう問われたら、少なくないマーケティング担当者がイエスと答えるでしょう。普段からインスタグラムに親しんでいる若い担当者なら、「むしろ、やらない理由がない」と考えるはずです。

しかしながら、「インスタグラムをやったら、どんなメリットがあるの？」という問いに対して明快に答えられる人は、どれほどいるでしょうか。社内の決裁を取るには、具体的な運用メリットや費用対効果を予測、言語化、数値化する必要があります。それができないがゆえに、組織としてインスタグラム運用に踏み出せない企業は少なくありません。

本章では、この問いに答えるための基本的な考え方についてお伝えしていきます。

インスタグラムで売上は増えるのか？

インスタグラム運用のご相談に乗っていると、こんな質問を投げかけられます。

「インスタグラムをやったら、売上は増えますか？」

営業トークとして「必ず増えます」と断言したいところですが、実のところ「わかりません」と答える場合がほとんどです。

私たちはこれまで、コンセプト立案から戦略立案・作成、運用サポートまで様々な企業のインスタグラム運用をご支援してきました。最低契約期間は6カ月となっていますが、7カ月以降の継続移行率は90％を超えています（2022年Q1時点）。そうしたことからインスタグラムの戦略作りや運用には自信があり、投資いただいた予算以上に売上が増えたという企業もたくさんあります。

しかし、全ての企業の売上を確実に増やせるかといえば、そこまでの自信はありません。こんなことを言うと、「売上が作れないのなら、インスタグラムやる意味なくない？」と思われる人が出てくるはずです。

私はインスタグラムのPR大使ではなく、個人的に「インスタ活用企業を増やしたい！」という信念を持っているわけではありませんし、「我が社はやらない」という企業に対してゴリ押ししたいとも考えていません。

とはいえ、「売上が作れないのなら、インスタグラムやる意味なくない？」という言説に対しては、一言二言物申したい気持ちになります。経験上、そんなことはないと思っているからです。

「売上が作れないのに、何でインスタグラムをやるの？」

そう問われたら、私は次のように答えます。

「インスタグラムで売上を作れるかどうかはわかりません。しかし、うまくいけば自分たちの発信によって多くの人の感情に作用し、多くの行動を促せるチャンスを手にできるかもしれません。そんな機会をつかめるとしたら、どうでしょう？　今まではなかった売上を生み出すきっかけになると思いませんか？」と。

私は、企業がインスタグラムで情報発信することは、とても意味のあることだと思っています。うまくいけば「顧客の行動」に影響を及ぼし、「顧客とのつながり」を強固なものにできるからです。これは事業活動を行う全ての企業にとって間違いのないメリットとなるでしょう。

問題は、これらがメリットであることと、これらのメリットをどうビジネスで実現するのかは別ものであり、多くの企業がこのギャップを埋められていない、ということです。

このギャップを埋めるためには、自社のビジネスモデルを理解し、クリエイティブな発想でマーケットニーズのあるコンテンツを生み出し、共感を軸に顧客と対話し続ける必要があります。

これは組織の構造が複雑になるほど難易度が上がります。個人事業主がインスタグラムと相性が良いと言われるのは、人数が少なければ少ないほど意思決定の階層構造がシンプルになるからです（個人事業主は1人で全て完結します）。もちろん、基本的な考え方さえきちんと押さえれば、企業にも必ずチャンスはあります。

とにかくいち早く目に見える数字（売上や利益）がほしい。そう考えている方に、この本は必要ないでしょう。むしろ、ダイレクトレスポンスを中心としたデジタルマーケティングを行うほうが目的を達成しやすいかもしれません。

もしも、あなたが今、数字を追い続けてもうまくいっていないのなら、一旦そこから離れて、自分も含め、みんながワクワク楽しくなるようなことを始めてみてはどうでしょうか。もしかすると、それが求める数字を作るための一番の近道になるかもしれません。

「とにかく売上が作れればいい。それ以外に興味はない！」と考える人は、本書でご紹介するアプローチはやめておいたほうがいいでしょう。作っている本人が楽しめる取り組みでなければ、受け手の感情を動かすことなどできないからです。

あなたがクリエイティブを通じて伝えたいことがあるのなら、先を続けましょう。本当に伝えたいことを伝えていくことで顧客と強くつながりたいと考えているのなら、先を続けましょう。多くの人の感情に訴え、行動を生み出すことで売上につなげる自信があるのなら、先を続けましょう。

あなたが進む先に、まだ見たことのない世界の入り口が開けてくるかもしれません。

インスタグラムの世界へようこそ。

インスタグラムは顧客との中長期的な関係が求められるビジネストレンドにおいて欠かせないツールである

昨今の消費者はインターネットやスマホのおかげでいつでもどこでも情報が手に入り、すぐに行動を起こせるようになりました。買いたいものがあれば、画面上の購入ボタンを押せば数日後に商品が届くわけですから、インターネットやスマホがなかった時代からすると驚くほど便利になっています。

このような環境変化は興味深い消費現象を作り出しています。モノを購入するプロセスが簡便になったことで「衝動買い」が増えている一方、購入を考え始めてから実際に購入するまでの間隔がどんどん長くなっている、という現象が起きているのです。「中長期的な顧客とのつながり」を構築することがビジネストレンドとなっている昨今、これは注目すべき現象と言えるでしょう。

例えば、2019年6月にGoogleが発表した調査において、2つの興味深い事実が明らかになりました。

1つは、「人々は暇つぶしにスマホを眺めている時に、偶然知った商品をその場で買うことに躊躇《ちゅうちょ》しなくなってきている」という事実です(Think with Googleマーケティング戦略「データから見えた『パルス型』消費行動」)。

私の周りでも「インスタを眺めていた時に見つけた商品がかわいくて、思わずポチッってしまった」という話をよく耳にします。その時の気分で突発的に購買意欲が刺激され、思わず買ってしまう。このような「瞬間的な購買行動」が増えているのです。

もう1つは、「購入検討者の20〜40%が、ECサイトで商品をカートに入れたものの、結局その商品を買わないという選択をしている」という事実です。「一瞬でわき起こる衝動は、冷めるのもまた早い」と言えるかもしれません。

たしかに、私にも思い当たる節があります。何気なく眺めていたECサイトで気になる商品を見つけたものの、決済画面とにらめっこし、「やっぱり買うのは今度にしよう」と画面を閉じる。こんな経験があるのは私だけではないはずです。

さらにおもしろいことに、購入を見送った人の購買意欲は、その後も何かをきっかけにして現れては消え、期間を空けてまた現れる、といったことを繰り返しているそうです。

Googleが行った別の調査によると、ある女性は新婚旅行の行き先を探し始めてから航空券を予約するまでの約半年間、実に100回以上も旅行関連の検索を行っていました。旅行前日までとなると、その数は231回にまで増えています（Think with Google マーケティング戦略「ギリシャ？バリ？はたまたハワイ？新婚旅行の検索行動から見えた情報探索行動のリアル」2020年1月）。

何らかの目的や欲求を持った時、私たちはまず手元のスマホやパソコンで情報を検索します。しかしながら、たった一度の検索で購入を決めることは少なく、通勤中や食事中、夜寝る前などに「そういえば」と思い出し、あらためて情報を検索することが多いと思います。

行き先はどこにするか、旅先で何ができるのか、何が食べられるのか、どんなホテルがあるのか、交通手段はどれにするのか、持ち物は何を買うか、どんな口コミがあるのか。食品や洋服などと違い、旅行の場合は検討項目が多いため、半年以上も「ふと思い出して検索」を繰り返していれば100回、200回になるのも頷けます。

忙しい日々の中で「やっぱり買うのは今度にしよう」と思ったことすら忘れてしまい、しばらく経ってから思い出して検索する。あるいは、いつか買おうと思ったまま決断を先延ばしにしている。決断を後押ししてくれる情報が見つかるまで考え続ける。さんざん迷って結局買わなかった……。このように、現代の消費者は「いつでもどこでも情報が手に入り、すぐに行動を起こせる」からこそ、長期間にわたり「買うか、買わないか」という購買意欲のアップダウンを続けているわけです。

「中長期的な顧客とのつながり」を求める企業側のトレンドに照らせば、つながるきっかけが生み出せるインスタグラムを通じてこのような消費者にアプローチし、継続的なコミュニケーションによって長期的な関係を築いていくことは、重要な意味があると言えるのではないでしょうか。

企業がインスタグラムをやる意味とは？

先ほど、インスタグラムで売上が増えるかどうかは「わからない」と答えました。

「ならば、インスタグラムは何ができるの？」

そう問われたら、私は次のように答えます。

「『情報』と『コンテンツ』で人の感情に変化を起こし、行動を促すことで、つながりを作ることができる」

価値のある「情報」と「コンテンツ」を作り続けることができれば、「感情↓行動↓つながり」は自然発生的に生まれてきます。とはいえ、これだけではよくわからないと思いますので、「価値のある情報とは何か？」「価値のあるコンテンツとは何か？」というところからご説明していきます。

情報の価値は「受け手との関係性」で決まる

情報とは、例えば「鄭泰玉《チョンテオギ》が○月○日12時、六本木の蔦屋カフェにいる」というものです。この情報に価値があるかどうかは、私と情報の受け手との関係で決まります。つまり、私と会うことに何らかの価値を感じている人以外、ほぼ全ての人にとって価値のない情報ということです。

ところが、主語を「木村拓哉さん」に変えた瞬間、情報の価値は一変します。「鄭泰玉に会いたい」と思う人はほとんどいませんが、「木村拓哉さんに会いたい」と思う人はたくさんいるからです。

これはインスタグラムで発信する情報にも同じことが言えます。

企業が発信する「新商品の発売が決定しました」という情報に価値があるかどうかは、企業と情報の受け手との関係性で決まります。当然、全く知られていないブランドの情報には価値がありません。顧客との関係性が構築できていないからです。一方、スターバックス(@starbucks_j)のように、すでに多くの顧客と関係性ができているブランドの情報には大きな価値があります。つまり、顧客との関係性ができていない企業とできている企業では、インスタグラム運用のスタートラインが全く異なるのです。

関係性ができている企業は情報に価値があるため、情報を発信するだけで顧客の行動に影響を及ぼすことができます。関係性ができていない企業は、当然、0の状態から関係性を作っていかなければなりません。

この点を正しく理解しないままにインスタグラム運用を始めてしまうと、失敗する確率が高まります。スタートラインを見誤っているわけですから、多くの場合、途中で「今やっていることが正しいかどうかわからない」という状況に陥ってしまうのです。一歩を踏み出す前に、まずは現在地を正しく知る。それはあらゆる物事において大切な考え方です。

関係性は「認知×認識」で作り出せる

企業が発信する情報を価値あるものにできるかどうかは、企業と顧客（情報の受け手）との関係性で決まる、というお話をしました。

それでは、関係性はどう作ればいいのでしょうか？

企業と顧客の関係性は、「認知」と「認識」で作ることができます。

「認知している」とは、存在を「知っている」状態のこと。

「認識している」とは、その存在が「どんな意味を持つのかを知っている」状態のこと。

認知とは「木村拓哉さんという人がいることを知っている状態」、認識とは「木村拓哉さんが歌手・俳優で、カッコいいということを知っている状態」のことです。

次に、認知と認識の作り方ですが、こちらは至ってシンプルです。

認知は、広告をかけることで作られます。

認識は、情報を受け取ってもらうことで作られます。

つまり、広告をかけることで顧客に何らかの情報を受け取ってもらえば認知と認識を作ることができ、それによって関係性を作ることができる。とてもシンプルな構造です。最もわかりやすいのがテレビＣＭです。多くの人が観ている番組の合間、数十秒で企業や商品・サービスの名称、特徴をわかりやすく伝える。これにより企業は顧客と関係性を作ることができ、今後発信する情報にも価値を感じてもらえるようになります。

ただ、インスタグラムとなると、話はそこまで単純ではありません。番組の合間に観てもらえるテレビＣＭとは違い、企業が作った動画を30秒間も眺めてくれる顧客はほとんど存在しないからです。

では、インスタグラムにおいて「認知」と「認識」はどう作るのか？

私はインスタグラムを運用する際、次のように考えながら戦略や施策を検討しています。

認知＝①広告　②キャンペーン　③口コミ

認識＝①投稿　②フィード　③口コミ

認知は、「全く知らない状態」から「知っている状態」に状態変化を起こすことです（図2）。一度でも見てもらえれば、認知そのものは作ることが可能です。インスタグラムにおいては「広告・キャンペーン・口コミ」を上手に組み合わせることで、効率的に認知を生み出すことができます。

	どんな状態？	どうやって作る？
認知	存在を「知っている」状態	情報を受け取ってもらう（広告、キャンペーン、口コミ）
認識	その存在が「どんな意味を持つのかを知っている」状態	情報に感想を持ってもらう（投稿、フィード、口コミ）

図2　関係性は「認知×認識」で作り出せる

特に「広告」は、認知を作る上で非常に効果的な方法です。強制的に情報を差し込むことができるため、お金さえかければ誰でも再現が可能だからです。

「キャンペーン」は、企業のリソースを使ってギフトを提供することでアテンションを獲得する方法です。ギフトという行為は普遍的にニーズの高い行為です。顧客に対して真摯《しんし》かつ良心的な態度で臨みさえすれば、キャンペーンによって多くの認知を獲得することができます。

「口コミ」は、近年最も効果の高い認知形成方法として捉えられています。特にフォロワーの多いインフルエンサーやクリエイターの口コミは、1回の投稿で何百万もの認知を作ることができます。個人の投稿が有利なインスタグラムにおいて、インフルエンサーやクリエイターの発信はもはや欠かせない要素となっています。

次に「認識」の話です。認識は「商品をただ知っている状態」から「商品に対して感想を持っている状態」へのステップアップです。認知は一度リーチされれば作ることができますが、認識は「何度も伝えて信頼を築く」ことが大切になります。

木村拓哉さんが「日本トップの圧倒的な男前」という認識を生み出せたのも、たくさんのドラマやバラエティに出演し、様々な形で繰り返し魅力を伝える機会があったからです。そして、テレビに映る木村拓哉さんを目にするたびに、私たちは無意識のうちに「やっぱりキムタクはカッコいい」という認識を強固なものにしていったわけです。

このように「何度も伝えて信頼を築く」という行為が認識につながり、企業と顧客の関係性の構築に貢献します。インスタグラムで考えれば、フォロワーに情報やコンテンツを日々発信することが「何度も伝えて信頼を築く」という行為そのものであると言えるでしょう。

ただ、注意しなければいけないのは「企業からの発信だけで100%の信頼を築くことは難しい」という点です。

現代の顧客は「購入の意思決定」をする前に、口コミを検索します。情報があふれ、真実が不透明な時代において「客観的信頼性の確認」は顧客にとって重要な意味を持ちます。そのため、顧客の口コミは「認識の形成」に大きな影響を及ぼします。

「口コミ」の強みは、「認知」だけでなく「認識」も同時に作れてしまうことです。「認識」

を作るための条件として、「何度も伝えて信頼を築く」以外に、「じっくり見てもらう」というものがあります。認識形成にはある一定以上の情報を丁寧に受け取ってもらう必要があるからです。

その点、インフルエンサーとそのフォロワーはすでに関係性が構築されているため、ほとんどの場合、彼ら彼女らが投稿する内容は興味深く見られる対象となります。そのため、口コミ投稿によって知らなかった商品を一瞬でほしくなる、という状況が発生するのです。これこそが、口コミが重要と言われている所以《ゆえん》です。

情報過多の時代になり、かつてはお金で作れていた「認識」は、お金をかければ必ず作れるというものではなくなりつつあります。多くの人が広告を信用しなくなり、スキップするようになっているからです。それゆえに、お金で買えない「認識」は企業価値への貢献度がどんどん高くなってきています（多くの人はこの認識を「ブランド」と呼んでいます）。

顧客との関係性が0の状態から「認知」「認識」を作るのは、決して簡単ではありません。そこには、お金をかければ解決できる問題と、お金だけでは解決できない問題が混在しているからです。

当然ながら、お金をかければ解決できる問題は、お金を持っている企業が先行します。だからこそ、お金で解決できない問題に対して正面から向き合い、解決先を考えていくことが現代のマーケティング担当者の重要な仕事になるのです。

その意味でも、認知と認識の双方を作り出せるインスタグラムは、マーケティング担当者にとって強力な武器となってくれるでしょう。

「広告・キャンペーン・口コミ」で認知を作り、「投稿・フィード・口コミ」で認識を作る——これが、多くの企業が再現可能な「顧客との関係性の作り方」であり、情報に価値を感じてもらうための手順になります。

02

「パーパス・ベースド・インスタグラム」という考え方

企業のインスタグラム運用の目的として多いのが、「新しい顧客と出会えるから」というものです。どのようなルートをたどろうとも、最終的なゴールとして「新規顧客の集客」につなげていくことは、全ての企業が望んでいることでしょう。

しかし、多くの企業はその目的を達成できていません。その理由をご説明する代わりに、解決策となりうる一つの考え方をご紹介します。

それは、「パーパス起点でインスタグラムアカウントを設計する」というものです。

私はこれを「パーパス・ベースド・インスタグラム」と呼んでいます。

まずはそのイメージをつかんでいただくために、「パーパス不在のアカウント運用」の例を見ていきましょう。

パーパスを設計しないで進めたアカウントの末路

全国に100店舗を展開するペットショップBで広報を務めるAさんは、新設されるインスタグラム公式アカウントの運用担当に選ばれました。2週間後に運用計画の企画書を提出するため、どのように運用するのかを考え、資料に落とし込む必要があります。企業の公式アカウントですから、当然、売上への貢献が求められます。様々な企業のアカウントに目を通しつつ、Aさんはいくつかの方法を書き出してみました。

・新しくショップに仲間入りした犬猫を紹介する投稿を中心に発信
・役に立つ情報として犬猫の育て方も発信
・各店舗に犬猫のリール（最大90秒のショート動画）を撮ってもらう

全国に100店舗もあるため、各店舗に依頼すれば、写真や動画は十分集まるだろうと考えました。また、ある程度のイメージを伝えれば、店舗スタッフが撮り方なども工夫してくれるという期待もありました。

フォロワー目標は1年間で1万人、投稿数は1日1投稿とし、先に挙げたアイデアとともに各種の予測値や売上への紐づけなどの見通しも整えて企画書をまとめ、Aさんは上司に企画書を提出しました。

その結果、売上への貢献意識が高く、素晴らしいという評価を受け、見事に合格。上司から「期待しているよ」と声をかけられたAさんは、アカウント開設に向けて意気揚々と準備を進め、運用開始の日を迎えました。

それから3カ月後……。

開始前のやる気はどこに行ってしまったのか、Aさんの顔は青ざめ、疲れ果てています。

フォロワー数は四半期目標として2500人を掲げていましたが、半数にも満たない750人。それも会社ぐるみで「いいね」とフォローをして何とか伸ばしてきました。

ただ、数字よりも大きな課題がありました。1つは「ネタが続かない」こと。

投稿コンテンツのメインに据えていたのは、新しくショップに展示される犬や猫の紹介です。それらの写真は各店舗から集めたものを使う予定でしたが、大半がお世辞にも良い写真とは言えないものばかり。また、各店舗の取り扱い種別にはほとんど差がなく、代わり映えのしない画像になるため、頻繁《ひんぱん》な投稿もできません。新しい犬猫の紹介はできたとしても週に2回程度。1日1投稿はどう考えても不可能な状況でした。

課題は犬猫の紹介だけではありません。コンテンツにバリエーションを持たせるために企画したお役立ち情報「犬猫の育て方」も、すでにアイデアが枯れ果てていました。懸命にネタを探し、2カ月目までは週2回の投稿を続けたものの、3カ月目に入ると投稿は週1回に減り、今はそれさえも厳しくなっています。

そして、何よりもAさんを落ち込ませていたのが、「投稿のエンゲージメント」が伸びないという課題でした。投稿の「保存数」は企業の公式アカウントにおいて重要な指標となりますが、どれほど頑張っても1回あたりの保存数は平均2。当然、リーチも全く伸びません。

かわいい犬猫のリール動画で巻き返しを図ろうと思ったものの、各店舗から送られてきた動画は撮り方やBGMが見事にバラバラで使えないものばかり。数時間かけて編集してもどうにもならず、こちらも月に2回程度の投稿が限界でした。さらに、苦労してリール動画をアップしても、フィード投稿に比べて数が伸びるわけでもなく、その事実が余計にAさんを消耗させました。

その後も使える写真や動画を送ってくれるよう店舗に連日働きかけ、休日もネタ探しに費やしましたが、数字は一向に伸びないまま、いたずらに時間だけが過ぎていきます。

結果が出ないいため、公式アカウントに対する社内の関心は薄れ、上司は毎日のように小言を投げかけてきます。それだけでなく、「インスタグラムしかやっていないのだから、これもできるでしょう」と雑務まで押しつけてくる始末。全く希望が見いだせず、Aさんはただ途方に暮れるばかりです……。

いかがでしょう。これはたとえ話ですが、同じような出来事を体験したという人も多いのではないでしょうか。

なぜ、このような状況に陥ってしまったのか？　Aさんの失敗の主たる原因は、「企業側の目的」から手段を決めてしまったことにあります。

「企業が発信できること」「企業が売りたいもの」「企業が知ってほしいこと」といったように、「企業側の目的」で設計・運営されているインスタグラムは、往々にして感情を揺さぶるものにはならず、フォロワーの興味・関心を惹きつけることもできません。

顧客視点で「フォロワーのメリット」「パーパス」を考える

アカウント運用において最も大切なのは、「顧客側の目的」を考えることです。したがって、最初に行うのは「フォロワーにとっての存在目的」を考える、つまり「このアカウントをフォローするメリットは何か？」という問いに対する答えを言語化することです。

例えば、顧客がペットショップBのアカウントをフォローするメリットとして「ペットショップBに新しく仲間入りした犬猫の情報を知ることができる」というメリットを設定してみましょう。これを企業視点で定義し直せば、「ペットショップBに新しく仲間入りした犬猫の情報を伝える」と変換できます。

これが、ペットショップBのインスタグラムにおけるアカウント・パーパスとなります。

（顧客側）ペットショップBのアカウントをフォローするメリット

「ペットショップBに新しく仲間入りした犬猫の情報を知ることができる」

（企業側）ペットショップBのアカウント・パーパス

「ペットショップBに新しく仲間入りした犬猫の情報を伝える」

「普通に考えれば、当たり前のことじゃないか」と思われたかもしれませんが、私の知る限り、多くの企業はアカウント運用のスタート時点で「顧客側の目的を考える」という視点や発想がすっぽりと抜け落ちています。何をパーパスとするかは自由ですが、上手に設計されたアカウント・パーパスはインスタグラム運営における羅針盤となり、それによって戦略の方向性が定まり、全ての施策の一貫性も保たれるようになります。

このように、パーパスを意識的に設計し、それを起点としてインスタグラムを運用する方法が「パーパス・ベースド・インスタグラム」なのです。

パーパスを決めるとマーケットが決まる

パーパスを決めると「マーケット」が決まります。なぜなら、パーパスとマーケットは強固に結びついているからです。

ペットショップBのアカウント・パーパス「ペットショップBに新しく仲間入りした犬猫の情報を伝える」にメリットを感じるのは、「ペットショップBで犬猫を買いたいと思っている人」です。このパーパスで確定させるなら、「ペットショップBで犬猫を買いたいと思っている人たち」だけに向けてアカウントを運用することになります。これが、パーパスを決めることで対象となるマーケットが決まる、ということです。

このマーケットが大きいのか小さいのかは、ペットショップBがどれほどの認知を得ているかで変わります。ざっくりとした捉え方では、全国展開するペットショップBを100万人が知っていると仮定して分解すると、マーケットサイズの輪郭が見えてきます。

図3を見ると、「③ペットショップBで購入を検討している人」が今回のアカウントのつながるべき対象になりそうです。仮にこの対象者を1万人とした場合、さらに次のように切り分けると、よりリアルな数字が見えてきます。

③購入を検討している人＝1万人
インスタグラムをやっている人　↓7000人
インスタグラムをやっていない人　↓3000人

実際はもっと細かく分析しますが、ざっくりとした推計でも「ペットショップBに新しく仲間入りした犬猫の情報を知ることができる」ということにメリットを感じる可能性がある人は、インスタグラム上に約7000人いると捉えてよさそうです。

このようなプロセスで考えていくと、パーパスからマーケットサイズを導き出すことができます。「パーパスを決めるとマーケットが決まる」という言葉の意味を少しでもイメージしていただけたでしょうか。

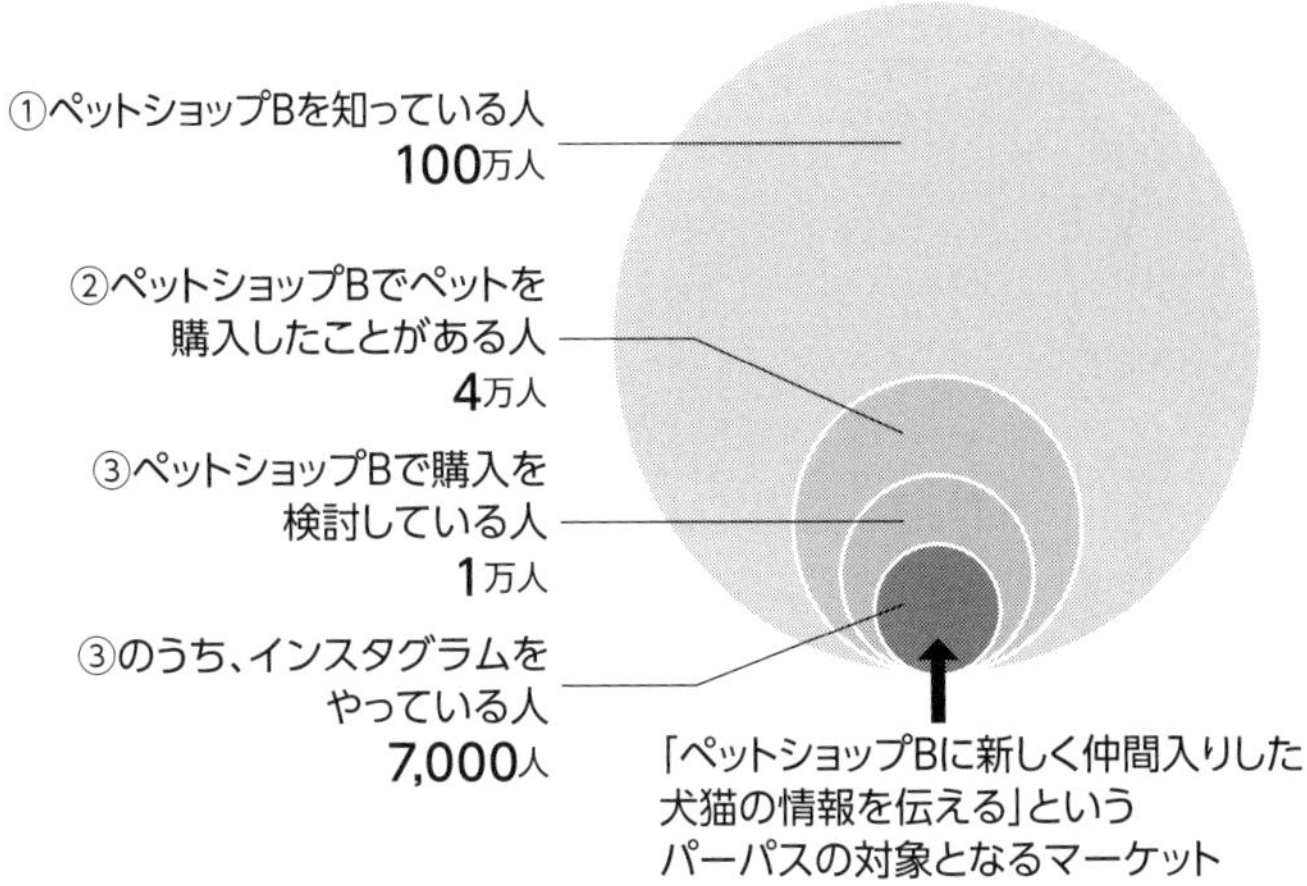

図3　パーパスを決めるとマーケットが決まる

Aさんは運用方法を検討した際、ここまで掘り下げて考えていませんでした。また、仮に考えたとして、企画提案時にこのマーケットサイズを示していれば、上司は難色を示し、アカウント立ち上げが中止になっていたかもしれません。当然ですが、運用方法を検討する際はまず、対象とするマーケットサイズを把握しておきたいところです。

なお、今回はペットショップでしたが、業種やコンテンツの種類によっては、あえてニッチなマーケットを対象にする戦略もあります。重要なことは、自分たちのアカウントが対象としているマーケットの大きさを把握しておくこと。もし、ペットショップBが7000人を対象とするアカウントを選んだとしても、そのマーケットを丁寧に広げていく戦略を考えればいいのです。例えば、「ふらっと来店してもらった人にアカウントフォローを促す」といったように、対象者へ効率的にリーチする方法を設計するなど、ニッチなマーケットに合致した戦略や施策を講じることで、アカウントに興味を持つ人を増やしていくことも可能になります。

マーケットサイズを広げるためのパーパス設計

多くの企業は「インスタグラムを活用して新しい顧客とつながりたい＝マーケットを拡大したい」と考えています。

先ほど、「パーパスを決めるとマーケットが決まる」という話をしましたが、パーパスとマーケットが強固に結びついているのであれば、このように考えることもできます。

「マーケットを拡大するためのパーパスは、意識的に設計できる」

実は、これこそがパーパス・ベースド・インスタグラムの醍醐味《だいごみ》なのです。

マーケットを拡大するためのパーパス設計は簡単ではありませんが、私がよく使うのが、「商品・サービスをパーパス達成のための一つの『手段』として捉え、商品・サービスの上位にある提供価値からパーパスを考える」という方法です。

少しわかりづらいので、ペットショップBに話を戻し、今度はパーパス設計からやり直してみましょう。

1.「顧客が商品（手段）を通じて実現したいこと＝提供価値」を言語化する

先ほど、ペットショップBのアカウント・パーパスを「ペットショップBに新しく仲間入りした犬猫の情報を伝える」と設定しました。しかしこれでは、マーケットが狭くなってしまうため、パーパスの再設計が必要です。

「ドリルを買う人がほしいのは、ドリルではなく穴である」という有名なエピソードがありますが、発想は同じです。「売上を作りたい」といった企業側の目的から発想せず、顧客やフォロワーの視点から「目的＝顧客が実現したいこと」を発想し、ペットショップBの「ドリル」と「穴」を見極めていきます。ここでは次のように言語化してみました。

「ペットショップBが提供する手段（ドリル）」　＝かわいい犬猫
「ペットショップBが提供する価値（穴）」　＝かわいい犬猫に癒やされて過ごす毎日

つまり、ペットショップBが販売していた犬猫は、あくまでも「かわいい犬猫に癒やされて過ごす毎日」という提供価値のための手段だったわけです。そして、この「提供価値」こそが、企業アカウントのパーパスの大きなヒントになっていくのです。

多くの企業は「提供価値＝犬猫」といった手段の言語化で止まってしまっています。インスタグラムでブランドを作っていくのであれば、このレベルの言語化では足りません。目的となる提供価値と価値実現のための手段、それぞれを深く言語化していく必要があります。

2. 徹底的なリサーチで成功要因を導き出す

さて、「提供価値＝かわいい犬猫に癒やされて過ごす毎日」が言語化できました。ここからは「徹底的なリサーチ」を行い、少しでも失敗のリスクを下げ、成功要因を拾い上げながら間違いのないアカウント・パーパスへとつなげていきます。

今回のケースなら、『かわいい犬猫に癒やされて過ごす毎日』を表現しているアカウントはどれだ？」というアンテナを立て、数字を伸ばしているアカウントを徹底的にリサーチします。このリサーチの質がパーパスとともに以降の戦略・施策作りの成否を決めるといっても過言ではないため、できる限り丁寧に行うことが大切です。アカウント名検索やハッシュタグ検索、類似アカウントのレコメンドを見ながら、しっかりと時間をかけて調べていきましょう。

リサーチが済んだら、今度は参考にしたアカウントに共通する要素を抽出していきます。調べたところ、「『かわいい犬猫に癒やされて過ごす毎日』を上手に表現し、数字を伸ばしているアカウント」には次のような共通点がありました。

・音声や文字入れをしてクスッと笑わせてくれる

・赤ちゃん犬猫、子犬や子猫が多い
・成長過程をリールで定期的に投稿している
・季節や環境の変化を細かく織り交ぜて発信している

これらはとても重要な気づきです。なぜなら、成功している事例を研究し、成功要因と思われる共通点を抽出することができれば、それをもとに再現可能な施策が考えやすくなるからです。

3.より上位にあるアカウント・パーパスを導き出す

ここからはいよいよ、マーケットを広げるためのアカウント・パーパスを決めていきます。

まずは「ペットショップBのアカウントをフォローするメリットは何か?」という問いに対する答えを言語化します。重要な気づきを得た今なら、この問いに答えやすくなったはずです。ここでは次のように言語化してみましょう。

ペットショップBのアカウントをフォローするメリット
「赤ちゃん犬猫のかわいくてクスッと笑える日々の様子が動画で見られる」

先ほどは、「新しくショップに仲間入りした犬猫の情報を伝える」というアカウント・パーパスを設定しましたが、このパーパスでは一度登場した犬猫をアカウントに再び登場させることができなくなってしまいます。

リサーチの結果、伸びているアカウントは一度登場した犬猫も見せ方を変えながら再登場させており、子犬や子猫の成長過程も定期的に投稿していることがわかりました。そのため、「日々の様子」という言葉をフォローメリットに入れることで、同じ犬猫が何度登場しても違和感がないパーパスになるように意識しています。これだけで、課題だった投稿ネタのバリエーションを増やすことができます。

また、主語を「赤ちゃん犬猫のかわいくてクスッと笑える日々の様子」とした狙いは、「新しくショップに仲間入りした犬猫」に比べてアイデアの切り口を増やすことを意図したからです。

そもそも、企業のインスタグラムは「自社発の情報しかあげてはいけない」といったルールはありません。しかし、企業側の目的が先行してしまうとそのことを忘れ、極端に狭い制約条件の中でアイデアを考えてしまうようになります。Aさんも当初、店舗にいる犬猫だけを投稿対象としていたため、すぐにネタが尽きてしまいました。

一方、個人のアカウントではペットの写真や動画をインスタグラムにあげている方がたくさんいます。その中にはペットショップBで購入した「赤ちゃん犬猫」のかわいくてクスッと笑える日々の様子もたくさんあるはずです。これらの方々に公式アカウントで紹介したい旨を伝え、了承が得られれば、新たなネタとして投稿することもできるわけです。

このように、顧客側の目的から考えることで無意識に設定していた制約条件を取り払ってしまえば、今までにないアイデアの切り口が生まれ、投稿ネタのバリエーションを広げることができるのです。

ここまで顧客視点のフォローメリットについて考えてきました。ここからは、その顧客視点で考えたフォローメリットを企業側の目的として定義し直し、パーパスを決定します。

(顧客側) ペットショップBのアカウントをフォローするメリット
「赤ちゃん犬猫のかわいくてクスッと笑える日々の様子が動画で見られる」
(企業側) ペットショップBのアカウント・パーパス
「赤ちゃん犬猫のかわいくてクスッと笑える日々の様子を動画で発信することで、日本中の動物好きに笑顔を届ける」

フォローメリットから良質なパーパスを設計する際のコツは、「企業の意思」を明確に加えることです。今回の場合は、「日本中の動物好きに笑顔を届ける」という意思を加えることにしました。

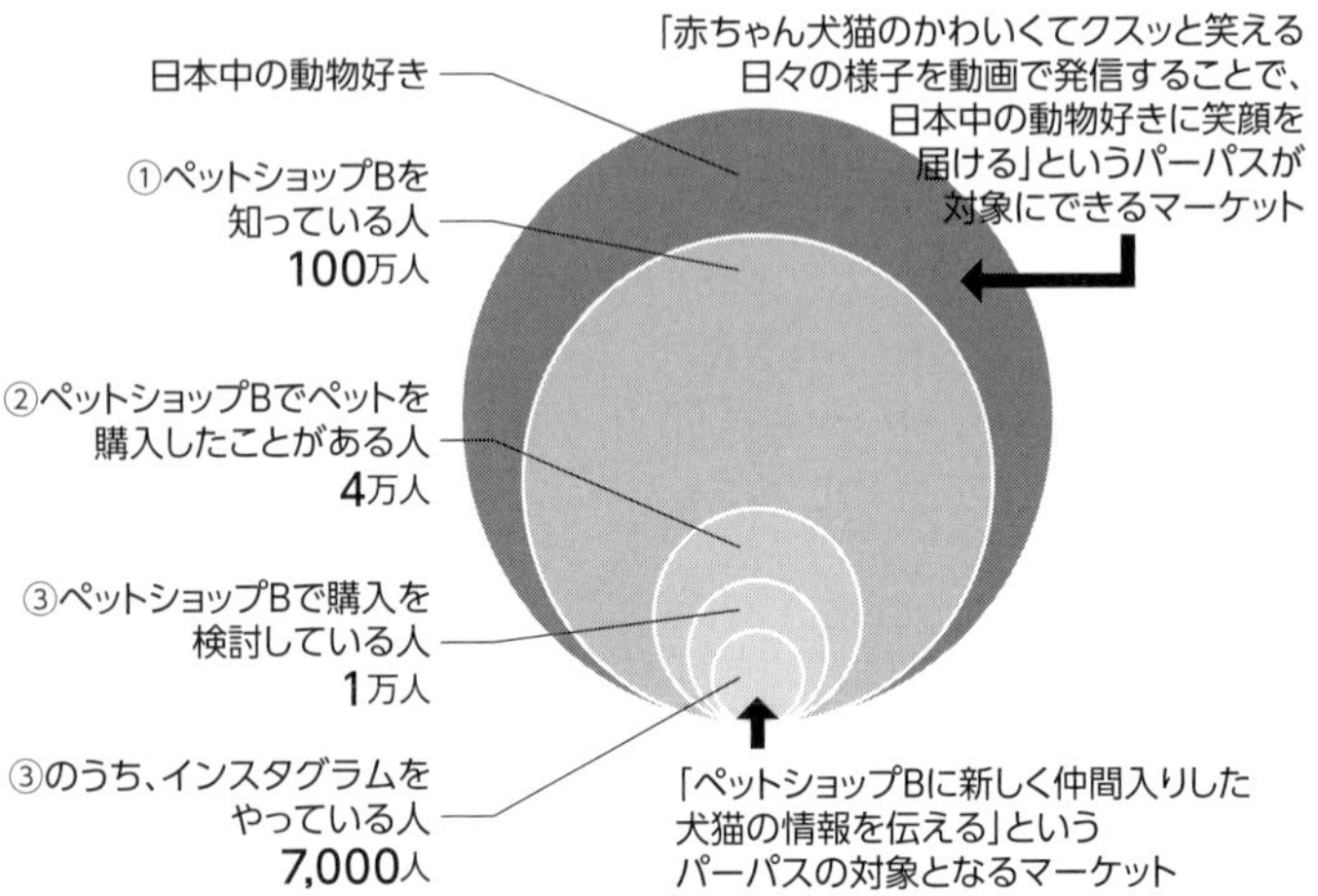

図4　マーケットサイズを広げるパーパス設計

最初に設定した「ペットショップBに新しく仲間入りした犬猫の情報を伝える」というアカウント・パーパスの場合、マーケットサイズは約7000人でした。

しかし、あらためて設定し直したアカウント・パーパスは「日本中の動物好き」という大きなマーケットを捉えています（図4）。実際に、「かわいい犬猫に癒やされたい」と考える人は日本中にたくさんいます。ペットショップBのことを知らない、ペットショップBでペットを購入したことがないという人でも、観ているだけで笑顔になれるかわいい犬猫の動画が流れてきたら、思わず見入ってしまうでしょう。

このように、パーパスの設計次第で公式アカウントが対象とするマーケットサイズを拡大させることが可能になるのです。

考え抜いて設計したパーパスは様々な課題を一気に解決してくれる

考え抜かれた良質なパーパスは、インスタグラムのアカウント運用にまつわる課題を解決し、様々なメリットをもたらしてくれます。特に、次に示した課題はパーパス・ベースド・インスタグラムで考えることで、簡単にクリアすることができるようになります。

1. アイデアが続かない
2. 新規顧客を集客できない
3. 投稿に世界観や一貫性がない
4. 運用が属人的になる
5. 「商品の魅力」をうまく発信できない
6. 社内でインスタグラム戦略の目的を魅力的に伝えられない

1. アイデアが続かない

インスタグラムは一発のアイデアがどれだけ素晴らしくても、意味がありません。「何度も伝えて信頼を築く」ために、継続的に質の高いアイデアを出し続けることが重要なのです。だからこそ、発想の「切り口」を数多く用意する必要があります。

例えば、家具ブランドのインスタグラム運用においてコンテンツを作る場合、まずは基本的な「色／サイズ／家族の人数」といった機能・属性の切り口を用意することで、アイデアを考えるハードルを下げることができます。

【色・サイズ・家族の人数という切り口で考えたアイデア】

・グレージュの家具特集
・キングサイズのおすすめベッドランキング
・4人家族におすすめのダイニングテーブル5選

ただし、「機能・属性」という切り口だけではアイデアの範囲が商品の外に広がらず、「商品数×機能・属性の数≒アイデアの数」となり、途中でアイデアが尽きてしまいます。また、商品数が少ないブランドは、「機能・属性」の切り口すら用意することが難しくなります。パーパスはこうした状況の打開策となり、アイデアの切り口を一気に増やしてくれます。

家具ブランドのインスタグラム運用チームが、「プチプラ家具で『映える』ワンルームを実現」というパーパスを掲げたらどうなるでしょうか？

このパーパスを掲げることで、「商品の機能・属性をどう魅力的に表現するか？」という問いではなく、「『映える』ワンルームを実現するために提供できることは何か？」という問いが新たに立てられるようになり、それによって切り口が商品の外側にも広がり、チームの

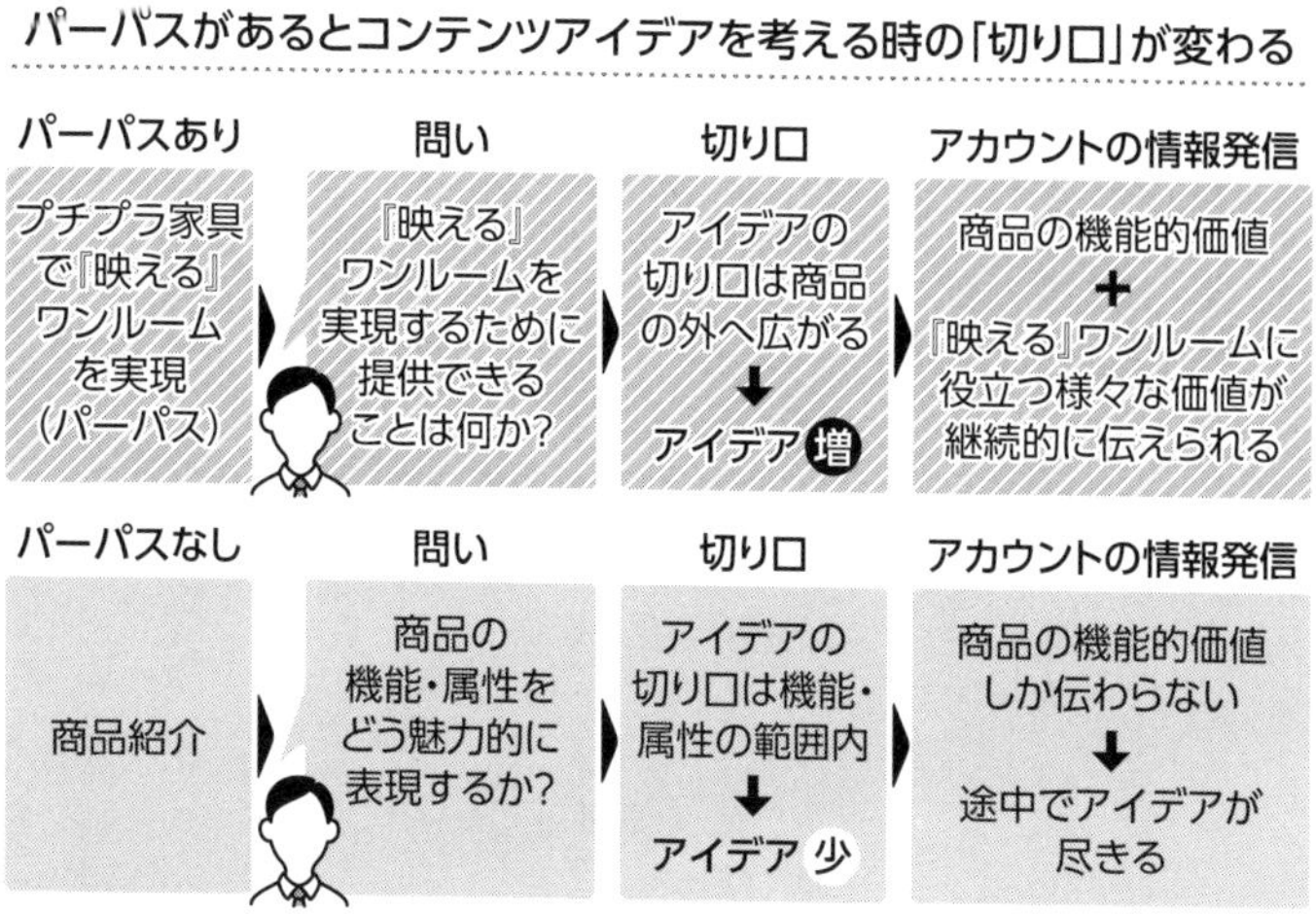
パーパスがあるとコンテンツアイデアを考える時の「切り口」が変わる
パーパスあり
問い
切り口
アカウントの情報発信
プチプラ家具で『映える』ワンルームを実現（パーパス）
『映える』ワンルームを実現するために提供できることは何か？
アイデアの切り口は商品の外へ広がる
アイデア 増
商品の機能的価値
＋
『映える』ワンルームに役立つ様々な価値が継続的に伝えられる
パーパスなし
問い
切り口
アカウントの情報発信
商品紹介
商品の機能・属性をどう魅力的に表現するか？
アイデアの切り口は機能・属性の範囲内
アイデア 少
商品の機能的価値しか伝わらない
途中でアイデアが尽きる

図5 パーパスの有無とコンテンツアイデアの切り口

アイデアが加速していきます（図5）。

このような「問い」について深く議論していけば、「機能・属性」を切り口にした時とは全く異なるコンテンツアイデアが生み出せるはずです。

・ロイヤルカスタマーの「映える部屋」を写真で紹介
・映える部屋を実現するコーディネート術
・ホテルライクを実現する家具まとめ

このように、パーパス起点で具体的なコンテンツアイデアを作り込んでいけば、「『映える』ワンルームを実現する方法を知りたい！」という人に様々な価値を含んだコンテンツが提供できるようになります。

2.新規顧客を集客できない

新規顧客の集客は企業にとって生命線であ

り、多くの担当者が頭を悩ませている問題です。しかし、この問題もパーパス・ベースド・インスタグラムで考えれば、解決の糸口を見つけることが可能になります。

例えば、あなたはシャンプーメーカーのマーケティング担当者だとします。新ブランドの立ち上げに際し、プロモーションの予算が少ないことから、インスタグラムで新しい顧客と出会う仕組みを作っていきたいと考えていました。

しかしながら、シャンプーは競合が多く、単純に商品情報を発信するだけでは新しい顧客に興味を持たれづらいカテゴリーです（商品点数が多いブランドの場合、商品情報だけで新規顧客と出会える仕組みを作れることもあります。これについては5章で後述します）。

そんな時は、パーパスを設計することで新たな顧客と出会えるきっかけを生み出すことができます。今回立ち上げる新ブランドは「ナチュラルで自然由来のサステナブルなシャンプー」というコンセプトを掲げており、植物成分を配合し、環境に負荷をかけないバイオマスPET樹脂を使用しています。

パーパスはブランド価値から考えることが大切です。ブランド価値とは「ブランドが顧客に提供する喜びの総量」であり、今回は「身体に良い自然由来成分で髪を洗うことで、充実した気持ちになれる」がブランド価値になります。このブランド価値を踏まえ、パーパスを設定していきます。

パーパスはアカウントのフォローメリットから導き出すと考えやすいため、まずはそれを言語化します。今回は「自然を自らの身体や日々の生活に取り入れることで、自然な美しさを手に入れるためのヒントに出合える」というフォローメリットを定義しました。自然なモノを身体に取り入れ、自然と共に過ごす時間を増やすことで心身ともに美しくなる。こうした価値観は近年トレンドになっており、多くの男女の共感につながると考えたからです。

パーパスはフォローメリットから引き伸ばし、「自然由来成分を取り入れて、自然な美しさを育んでいく日々を提供する」と定義しました。

ここでは「商品もパーパスを実現するための一手段と捉え直す」ことが重要になります。「商品のPRがアカウントの目的ではない」という意識を徹底できれば、価値観をパーパスに合わせて発信することが可能になり、その価値観が商品を知らない新規顧客の共感を生み出します。

【新ブランドの価値観の発信例】

・水を飲んで美しくなろう
・植物と暮らして美しくなろう
・自然の中でヨガをしてリフレッシュしよう

新規顧客候補の人に新商品を見せて、「これは本当におすすめです！」と発信したところで共感は生まれません。新規顧客候補の人はその商品を知らず、そんな状況では商品の良さに共感できるはずがないからです。

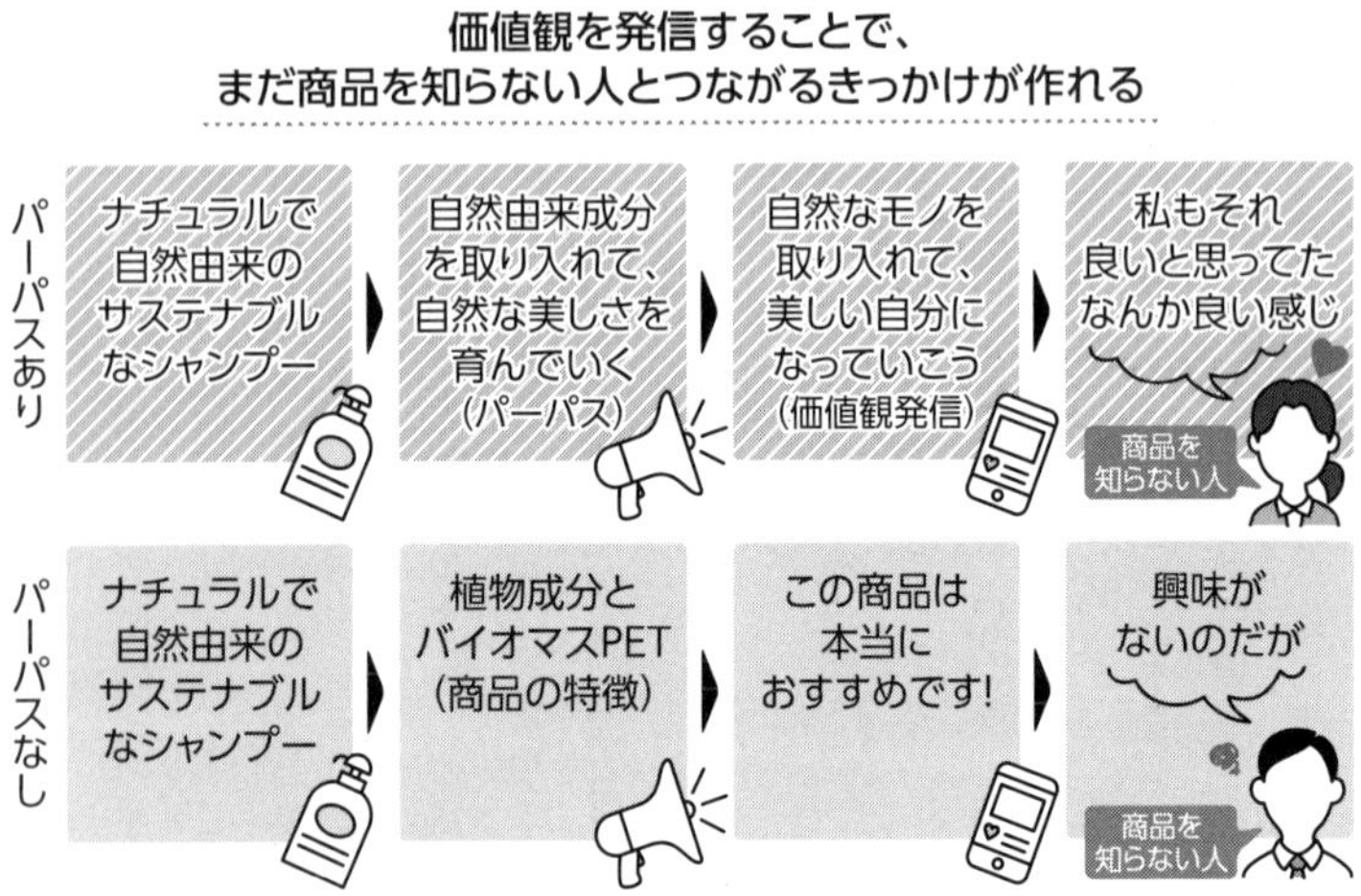
価値観を発信することで、
まだ商品を知らない人とつながるきっかけが作れる
パーパスあり
ナチュラルで
自然由来の
サステナブル
なシャンプー
自然由来成分
を取り入れて、
自然な美しさを
育んでいく
(パーパス)
自然なモノを
取り入れて、
美しい自分に
なっていこう
(価値観発信)
私もそれ
良いと思ってた
なんか良い感じ
商品を
知らない人
パーパスなし
ナチュラルで
自然由来の
サステナブル
なシャンプー
植物成分と
バイオマスPET
(商品の特徴)
この商品は
本当に
おすすめです!
興味が
ないのだが
商品を
知らない人

図6　パーパスは新規顧客の集客に役立つ

一方、「なるべく自然なモノを取り入れて、美しい自分になっていこう」という価値観の発信は共感を生み出します。そのような価値観は、少なくない人が大切にしている価値観に共鳴するものだからです（図6）。

このように、パーパスに基づいた価値観を発信するアカウントは、共感を通じて新規顧客候補の接点に広がりをもたらし、新規顧客の集客を助けてくれるのです。

3．投稿に世界観や一貫性がない

「インスタグラムでは世界観や一貫性が大事だ」という話を耳にしたことがあるかもしれません。実際に、投稿の世界観や一貫性はフォロワーの増加に大きく影響します。

皆さんが普段見ているインスタグラムは、「一つのコンテンツ」が最初の入り口となります。つまり、いきなりアカウントのプロフィールから見ることはほぼありえない、ということです（今現在の仕様では）。

インスタグラムを開いてホームタブ、もしくは発見タブを押して、画面をスクロールしてみてください。あなたはレコメンドされた投稿を眺め、その中で気になった投稿をタップしていくはずです。そして、その投稿を後で見返したいと思ったら「保存」し、見返す必要はないけれど好意を持ち、それを示したいと思ったら「いいね」を押すはずです。

さらに、その投稿にオリジナルな価値を見いだして「こんな投稿ならこれからも見たい」「誰がこれを投稿しているんだろう」と思ったらプロフィールに飛ぶはずです。

投稿の世界観や一貫性が重要になるのはこの後です。

例えば、東京・渋谷区に暮らすあなたは、レコメンドされた投稿の中に「近所の知らなかったおいしそうなラーメン屋さん」を見つけます。「これはうれしい。こんな情報なら、もっとほしい」と感じたあなたは、投稿主のプロフィールに移動します。プロフィールには「渋谷区の激うまグルメを本気レビューで紹介!」とあり、フィードにはおいしそうな料理やお店の紹介が並んでいます。おそらく、あなたは高い確率でこのアカウントをフォローするでしょう。

しかしながら、もしこれが、プロフィールに「僕の気ままな日常を発信します!」と書かれたアカウントだったらどうでしょう?

フィードには公園に散歩に行った時の写真、最近観た映画の感想など雑多な情報が投稿されており、投稿主は渋谷を訪れた際に食べたラーメン屋さんの情報をたまたまアップしただけで、あなたの家の近くに住んでいるわけでもなさそうでした。おそらく、あなたは高い確率でフォローしないでしょう。

これが世界観、一貫性が重要だという理由です。人は「世界観（「なんか好きかも」を生み出すビジュアル）」「一貫性（同じ価値を持つ情報がいつも投稿されているという信頼）」を見て、フォローをするかどうかを判断しているからです。

ここまでは世界観や一貫性が重要であるという話です。ここからは、「なぜ、世界観や一貫性の作り込みにパーパスが役立つのか」をご説明します。

結論から言うと、パーパスがあれば「投稿コンテンツの価値」が統一されるからです。

「渋谷区の激うまグルメを本気レビューで紹介！」というプロフィールのアカウントでは、フォロワーにとってのフォローメリットと、それに紐づいたパーパスがプロフィールで表現されています。

フォローメリット　「渋谷区の激うまグルメ情報を知ることができる」

パーパス　「渋谷区の飲食店の魅力を広める」

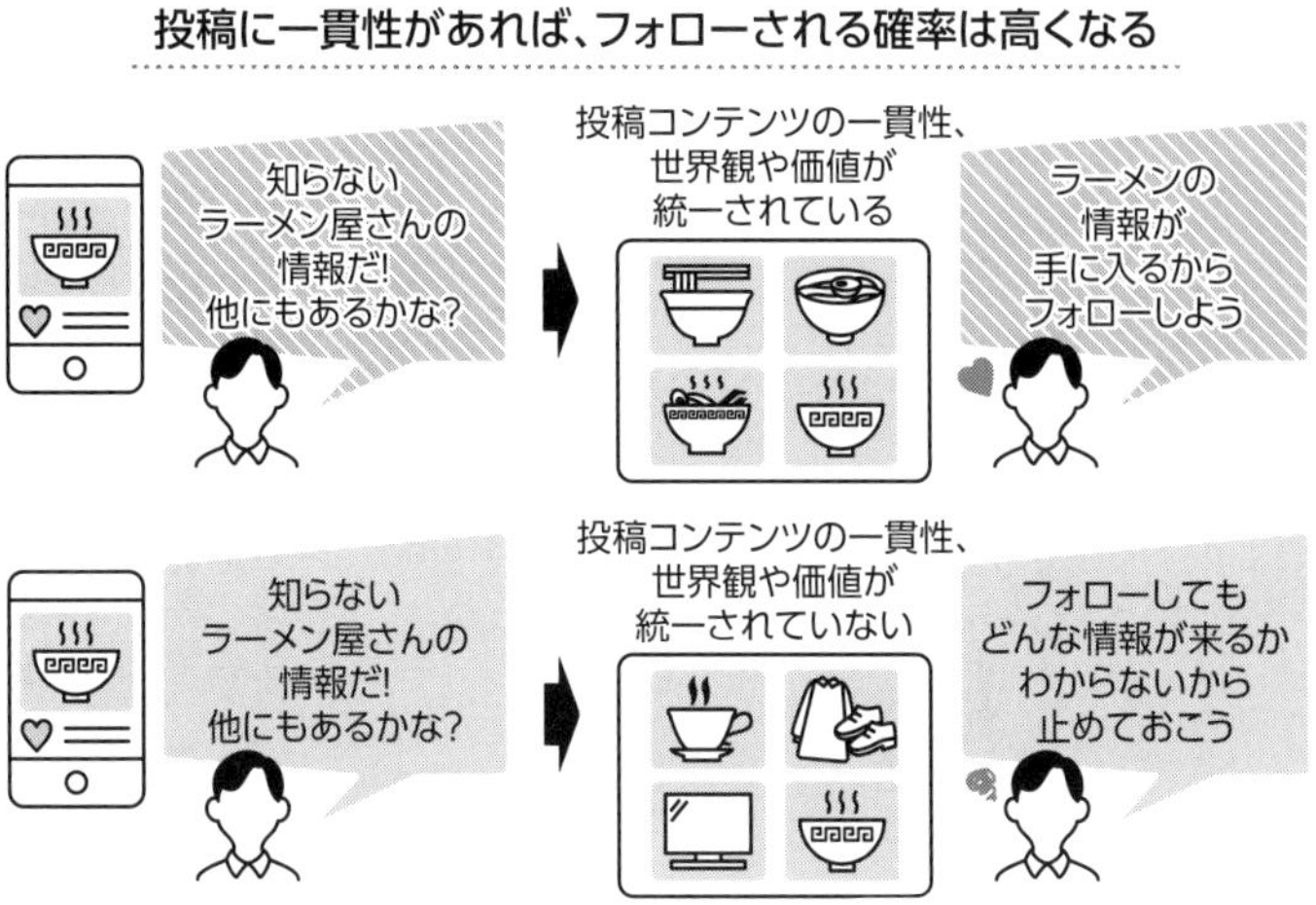

図7　パーパスはコンテンツに世界観や一貫性をもたらす

このフォローメリットとパーパスに基づいて運営すれば、統一されたフィードができあがることは容易に想像がつきます。

このように明確でわかりやすいフォローメリットがあり、それを生み出すパーパスが言語化できれば、一つひとつの投稿の価値（見る人にとってメリットとなる情報）が統一され、世界観と一貫性が作られていくのです。

一方、「僕の気ままな日常を発信します！」というアカウントは、フォローメリットもパーパスもない自分主体のアカウントです。雑多な投稿で情報の価値もバラバラなので、「この人の情報がほしい」という人以外にはフォローメリットがありません（図7）。

パーパスのない企業アカウントの多くは、後者の状況に陥っています。つまり、「企業（ブランド）に興味を持っている人の数」がフォロワーの限界値になる、というわけです。

パーパスは戦略や施策、コンテンツのクリエイティブに世界観と一貫性をもたらしてくれます。「コンテンツに世界観や一貫性が感じられない」という悩みを持つ人は、パーパスの設計に取り組んでみてはいかがでしょうか。

4.運用が属人的になる

インスタグラムにおけるコンテンツ制作は、非常にクリエイティブな行為です。しかし本来、クリエイティブな行為は人によって得意、不得意が分かれるものです。

企業のアカウント運用は複数人が関わるケースが多いため、運用チームにとって軸となるものがないと、「各人がなんとなく良さげなコンテンツを作る」といった運用になり、投稿内容もクリエイティブの質もバラバラになります。「担当者によって投稿コンテンツに差が生じる＝属人的になる」という課題を見過ごしたままでは、アカウントの価値が低下し、フォロワーの離反につながる可能性も生じてきます。

一方、考え抜かれた良質なパーパスがあれば、チーム内でアカウントの方向性がずれることはなくなります。例えば、「渋谷区の飲食店の魅力を広める」というパーパスがあれば、少なくとも自分が最近観た映画の感想を投稿することは防げそうです。むしろ、アイデアの切り口を広げてくれる良質なパーパスがあれば、グルメ情報だけでなく、「飲食店の店長のこだわりを紹介する」といったコンテンツの質を高めるアイデアも生み出すことができます。

パーパスがあれば、それをチームの共通言語、あるいは共有する判断軸として活用できるようになります。また、担当者が入れ替わっても、パーパスを共有すれば、それが世界観や一貫性を保つためのルールとなってくれるのです。

5.「商品の魅力」をうまく発信できない

「パーパスなんて一度も考えたことがない」という企業は、ともすると商品の機能を一生懸命にインスタグラムで発信してしまいます。しかしながら、機能の紹介だけでは顧客に商品の魅力は伝わりません。顧客はその機能によって何が実現できるのか、つまり、機能によってもたらされる「価値」に魅力を感じるものだからです。

パーパス・ベースド・インスタグラムで考える場合、「商品やサービスもパーパス達成のための一手段として考える」という発想方法があります。この方法を活用することで、自分たちの商品の魅力を表現することが可能になります。

それを「Apple Watch」の例で考えてみましょう（図8）。

Apple Watchは「皮膚温センサー」「睡眠記録」「衝突事故検出」など、数多くの魅力的な機能を備えています。しかしながら、機能を紹介するだけでは価値を正しく伝えることはで

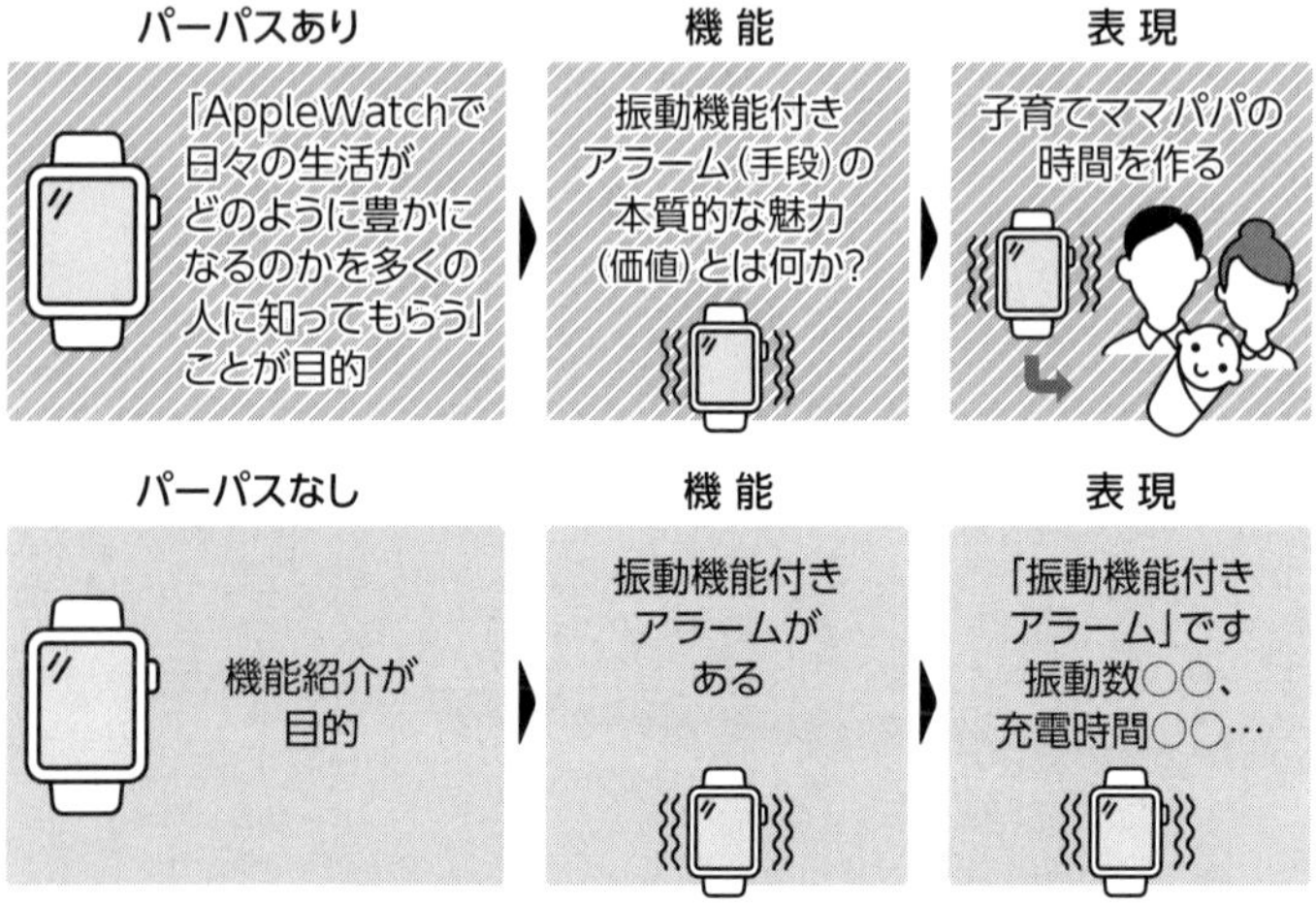
パーパスあり
機能
表現
「AppleWatchで日々の生活がどのように豊かになるのかを多くの人に知ってもらう」ことが目的
振動機能付きアラーム(手段)の本質的な魅力(価値)とは何か?
子育てママパパの時間を作る
パーパスなし
機能
表現
機能紹介が目的
振動機能付きアラームがある
「振動機能付きアラーム」です
振動数○○、
充電時間○○…

図8 パーパスがあれば、「商品の魅力」の表現に幅が出る

きません。もしApple Watchの公式インスタグラムが存在していたとして、それが淡々と機能を紹介するだけのアカウントだったら、皆さんも魅力を感じないはずです。

このような場合、パーパスを起点に考えることで商品価値を魅力的に伝えるチャンスが生まれます。

例えば、Apple Watchの公式アカウントのパーパスを「Apple Watchで日々の生活がどのように豊かになるのかを多くの人に知ってもらう」と定義します。

このパーパスを掲げたアカウントで、「Apple Watchのアラームには振動機能が付いています」という説明はベストなアイデアとはなりません。

パーパス起点で考えれば、「Apple Watchの振動のみのアラーム機能を使えば、子どもと一緒に眠っている時でも、子どもを起こさずに自分だけ起きることができる」といった発信内容が適切なアイデアと言えるでしょう。

このようにパーパスを起点に考えることで、商品価値を魅力的に表現するアイデアが考えられるようになるのです。

6. 社内でインスタグラム戦略の目的を魅力的に伝えられない

「なぜ、インスタグラムをやる必要があるのか？」

役員や上司にこのような問いを投げかけられた際、あなたは明確な回答を示せるでしょうか。当然、企業にとってはインスタグラム運用も一つの投資であり、予算をかける必要性を感じてもらえなければ、リソースを割いてくれることはありません。

しかしながら、インスタグラムの必要性を具体的に示すことは簡単ではありません。インスタグラムに関する深い理解、豊富なアカウント運用の経験があったとしても、運用後の結果を正確にシミュレーションすることは至難の業《わざ》だからです。上司への提案資料の作成にあたって、「数字のシミュレーションなんて無理！」と頭を抱えてしまった人も多いはずです。

そのような場合、「アカウントのパーパスは何か？」を伝えることをおすすめします。

人の心を動かすのは数字ではありません。たった一つのストーリーに、人の心は突き動かされるのです。

アカウント・パーパスは、「このアカウントが世の中に存在していることの意味」と同義です。「このアカウントはなぜ存在し、人々にとってどのように役に立つのか？」。チームで議論してきたパーパス設計のプロセスを魅力的なストーリーとして伝えることができれば、根拠に乏しい結果予測シミュレーションの何倍も効果を発揮し、上司の心を動かすことができるかもしれません。

私もこれまで、戦略や企画をご提案したお客様から「数字のシミュレーションなんかよりも、どのような存在を目指すべきなのかというビジョンに強く共感した」と言われたことが幾度となくあります。

もちろん、数字のシミュレーションがあるに越したことはありませんが、インスタグラム運用においてはパーパスにまつわるストーリーを提示するほうが物事を前に進めやすいはずです。

以上が「パーパス・ベースド・インスタグラムが解決してくれるインスタグラムの課題」に関する説明となります。

パーパスがある運用チームと、パーパスがない運用チームでは、社内外における「つながりの質」が全く異なってきます（図9）。

「とにかく数字がほしい」という短期的な利益志向が先行するほど、インスタグラムでは新

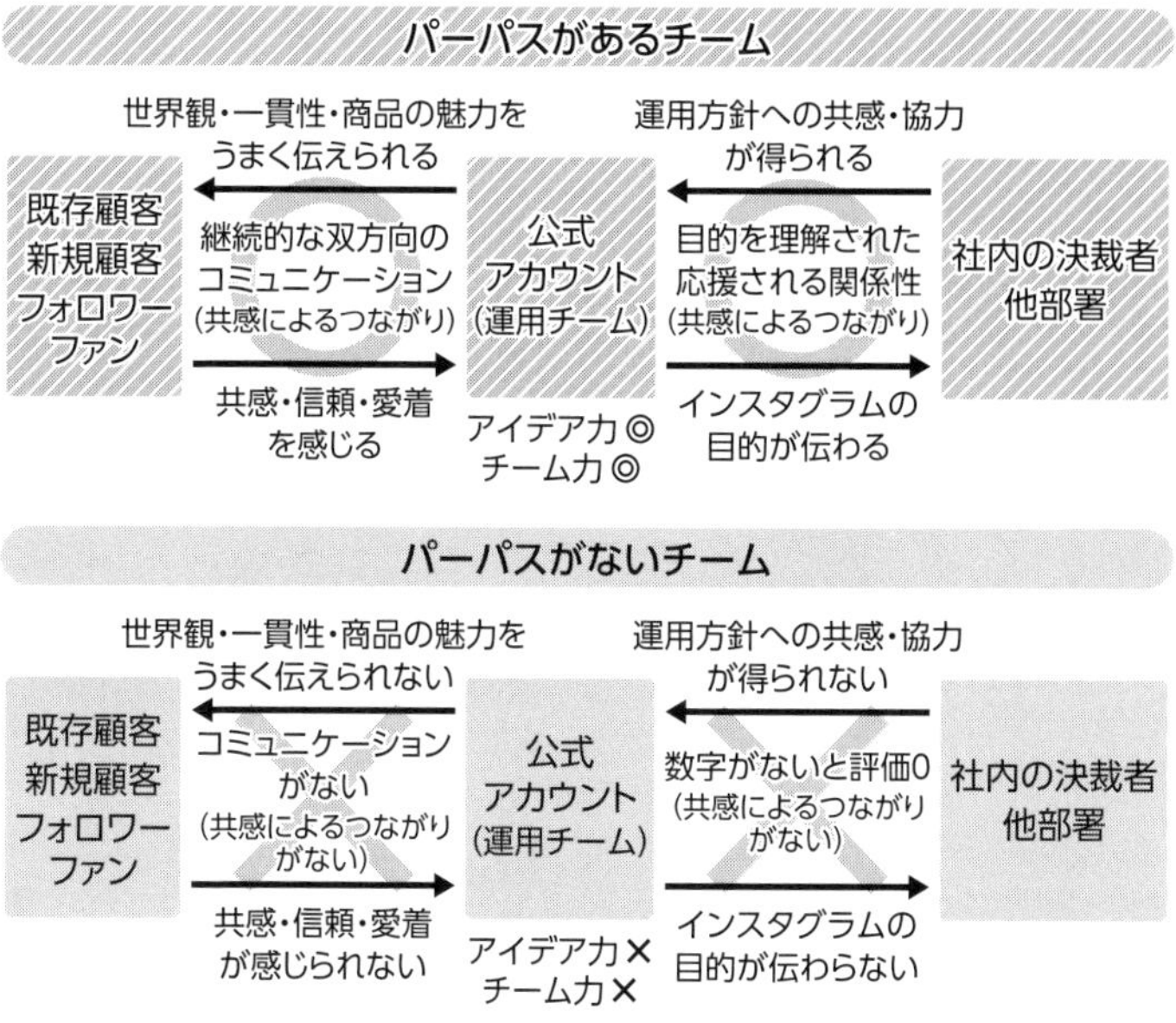

図9 **パーパスの有無によるコミュニケーションの違い**

規顧客の集客が困難になってしまいます。それだけでなく、クリエイティブな発想が制限され、戦略や施策の幅も狭まり、やがては行き当たりばったり、感覚任せの属人的なアカウント運用に陥ってしまう可能性すらあります。

パーパス・ベースド・インスタグラムによってアカウント運用の目的やコンセプトが定まれば、クリエイティブな発想がしやすくなり、戦略や施策に一本の芯が通って世界観や一貫性が保たれるようになります。そして、それが結果として円滑な社内コミュニケーションの発展や、アイデアが枯渇しないクリエイティビティなチームビルディングの実現につながっていきます。何より、多くのフォロワーに支持されるアカウントになる可能性も高まっていくはずです。

03

なぜ、パーパスがインスタグラムマーケティングにおいて必要なのか？

インスタグラムマーケティングでは、パーパスが大切になる――この章ではあらためてその理由を深掘りしていきます。

パーパスが必要な理由①

SNSの台頭で「口コミ」の影響力が急激に高まっている

人は「うわさ話」が大好きです。うわさ話については世界中で研究が行われており、人間のDNAに組み込まれた生存本能の一種という説や、人はうわさ話をすることで不安やストレスを和らげるプロゲステロンのレベルが上昇する、といった研究報告もなされています。つまり、周りが知らない情報をいち早くつかんだり、自分しか知りえない秘密を伝えたりすることは、人間の本能的欲求である可能性が高いという仮説があるのです。

もしそうであるならば、商品やブランドにまつわるうわさ話＝「口コミ」は、今も昔も多くの人が本能的に求めているものとも考えられます。

「ねえ、この商品知ってる？」

「これ、とっても良かったよ」

「あのブランドから新商品が出るって聞いた？」

こうした口コミは、SNSの台頭によって強大な影響力を持つようになりました。通信手段が限られていた時代、口コミには物理的な限界点がありました。しかし、SNSはその限界点を軽々と突破してしまい、一夜にして情報が数百万人に広まり、口コミをした本人とは縁もゆかりもない人の行動を変えてしまうことも日常茶飯事となっています。

友人や知人からの口コミは企業が一方的に発信する広告などと比べて信用度が高く、人々の購買意欲に少なくない影響を与えています。それだけに、口コミはビジネスでも見過ごすことのできない要素であり、ＳＮＳで口コミがたくさん投稿されることは売上を作るための重要指標として捉えられています。

情報があふれる現代は、「自分に合った情報を調べる」というコストがどんどん高くなっており、自分にとって何が良いかを見極めることが難しくなってきています。その事実も口コミのニーズを押し上げている要因だと私は考えています。

パーパスは「価値観」を定める「羅針盤」であり、口コミを生み出すためのキードライバーとなる

口コミがいかに大切であるかという話をしましたが、実はこの口コミを生み出すために、パーパスは大きな役割を果たしてくれます。パーパスは、企業が発信する「価値観」を定める際の「羅針盤」となり、口コミを生み出すためのキードライバーになるからです。

例えば、ノートを販売するブランドAがあるとします。

ノートの基本機能は「字や絵を書く・描く」であり、顧客の様々なニーズを踏まえ、紙質やページ数、製本方式、罫線の種類、書きやすさ、見やすさ、破れにくさ、デザイン性といった機能的特徴が付加されてきました。ただ、現在は多くのブランドが充実したラインナップを揃えているため、機能的な差別化が難しくなっています。

ノートブランドAもこのような状況に頭を悩ませていました。従来は「インクが落ちにくい紙質」という機能を強調していましたが、類似の機能を持つメーカーが増えてきた影響もあり、販売は右肩下がりでした。そこで視点や発想を変えるため、あらためて自社の顧客を分析し、今までは考えていなかったパーパスを言語化することを決めました。

そして、様々なSNSで自社のブランドについて調べていたところ、意外なことに「旅好き」の人たちから強く支持されていることがわかりました。耐久性の高い紙質とクラフト感のあるデザインが、旅行をしながら旅先で記録をつける人たちの間で人気を博していたのです。

この事実からノートブランドAは今まで知りえなかった商品価値を見いだし、「旅の思い出を色褪《いろあ》せない記録にする」というパーパスを新たに設定し、インスタグラムのアカウントでは「旅は人生に必要である」という価値観を発信することにしました（図10）。

旅先の情報とともに、美しい街並みや食べ物が描かれたノートのページ。空港や駅のカフェテーブルに何気なく置かれているコーヒーとノート。旅に関心がある人たちがノートに記してきた旅の思い出を語り合う企画やキャンペーン……。

定期的な投稿を通じて、「旅は人生に必要である」という価値観を発信し続けたことで、

パーパスを言語化すればプロダクト価値が変わり、新たなマーケットが拓けていく

	機能	メッセージ	理想の顧客	ブランド価値
パーパスあり（旅の思い出を色褪せない記録にする）	インクが落ちにくい	旅は人生に必要であり、このノートは旅の記録を取るのに最適です（価値観の発信+価値中心）	旅が好きな人（旅をすることで喜びや楽しさを感じたい人）	旅の記録が色褪せないノートである
パーパスなし	インクが落ちにくい	このノートはインクが落ちにくいですよ（機能中心）	インクが落ちにくいノートを探している人	インクが落ちにくい紙質である

図10 パーパスがあれば、価値観を発信できる

数カ月後には多くの旅好きにフォローされるようになりました。今では「旅好きなら誰もが憧れるノート」として口コミが広がり、コアな旅好きはもちろん、ライト層からも支持されるブランドに成長することができたのです。

いかがでしょうか？　これはたとえ話ですが、羅針盤となるパーパスがなければ、「旅は人生に必要である」という価値観を迷いなく発信し続けることはできなかったはずです。

企業の「価値観発信」は顧客の共感を生み出す源になり、顧客の共感は口コミへと着実に発展していきます。口コミが絶対的に必要な現代において、パーパスは全ての企業にとって有益な道標となってくれるのです。

パーパスが必要な理由②

人々は「意味」を与えてくれるサービスに価値を感じ始めている

「自分は何が好きで、どんな価値観を持っているのか？」

現在はこうした自問自答を繰り返す人が増えています。なぜか？　面接を上手に乗り切るためではありません。ましてや、お見合いや合コンで「ご趣味は？」的な質問に答えるためでもありません。SNSを通して、自分自身について発信しなければならないからです。

あなたはSNSの「プロフィール」にどんなことを書いていますか？

自分は何者で、何に興味があるのか。それを150字程度で簡潔に表現しなさいと言われても、なかなか難しいものです。

それはプロフィールだけではなく、毎日行う投稿も同じです。

何を発信するべきか？　何を発信しないでおくか？

誰の投稿に「いいね」や「コメント」をするか？

人は無意識に外から見える自分自身の意味や価値観について、何度も自分に問いかけて、確認を行っているのです。

従来、自分自身の「意味」を具体的に表現し、発信することは、政治家や経営者、作家、アーティスト、スポーツ選手など、社会的に目立つポジションにいる人や表現活動をする人たちだけが行える特別な行為でした。

しかし、今では誰もが自己表現のツール(SNS)を持つようになり、他者とコミュニケーションを取るために活用しています。文字や写真、動画によって自分の意味を表現し、情報を受け取る側はアップされた内容を見てその人を認知し、自分にとってどういう意味を持つ存在なのかを認識します。

そのような時代にあって新たに求められるようになったのが、自分の意味を代弁、あるいは補強してくれる「モノ」です。

投稿内に「意味づけを手伝ってくれる商品」を登場させることで、自分の価値観やスタイル、感情や好みを表現している個人アカウントはたくさんあります。そのため、「意味づけを手伝ってくれる商品」は登場頻度が高くなり、口コミが生まれやすい、という特徴があります。

例えば、エナジードリンクのレッドブルに対して「飲むことで最後まで頑張れる」というイメージを抱いている人は多いと思います。実際にインスタグラムで検索すると、「もうひと頑張り!」「最後まで駆け抜ける!」といったレッドブルが伝えたいメッセージと同じようなコメントを添えて商品写真をアップしている人がたくさんいます。

SNSの利用率が今後も右肩上がりを続け、それに比例して自己表現をしたい人の数も増えていくとすれば、「自分の存在や行動の意味を代わりに表現してくれるもの」に対するニーズはますます高まっていくはずです。

パーパスは「商品の持つ意味」を明確に示し、一貫性を持ってそれを表現するための指針となる

広告やSNSを含むプロモーションは、ブランディングにおいて重要な役割を担っています。

ブランディングでは、ブランドが提供する有形無形の価値（商品nの持つ意味）について「社会的な共通認識」を作り出すことが一つのゴールとなります。「自分たちの商品はこの人のためのものだ！」と声高に叫んでも、多くの人に届かなければ、共通認識にはなりません。そして、共通認識が生まれなければ、口コミが発生することもないのです。

自社の商品が誰のためのものであるかを表現する。この点において、レッドブルは様々なプロモーションを通じて「自分たちの商品はここ一番、集中したい人のためのものである」と伝え続けてきました。インスタグラムにレッドブルの写真をアップする人は、それを見た人がどんな反応をするかが予測できるからアップしているわけです。こうした共通認識を作り出したという点で、レッドブルはブランディングに成功した好事例と言えるでしょう。

プロモーションに多額を投じるブランドは多々ありますが、全てが共通認識を作り出せているわけではありません。その成否を分ける最大の要因は、「パーパスに基づく一貫性」に

あると私は考えています。

パーパスを掲げることは、どの企業でもできます。しかし、それを絵に描いた餅とせず、パーパス達成に向けて本気で行動している企業はどれくらいあるでしょうか。レッドブルは本気でパーパスを達成するために行動した数少ない企業だと思います。

「翼をさずける」という有名なキャッチコピー。それはレッドブルの提供価値であり、パーパスそのものです。困難を軽やかに乗り越える、今を全力で楽しむ、未来に向かって羽ばたく……。色々な解釈ができると思いますが、全般的にポジティブなイメージを抱く人が多いと思います。

このパーパス達成に向けて、レッドブルはサッカーやF1などのメジャースポーツだけでなく、様々なニッチスポーツにも積極的に投資しています。ブレイクダンス、フリースタイルモトクロス、フリースタイルフットボール、エアレース……。これらの会場ではレッドブルのロゴをよく見かけますが、「今この瞬間」に全力を注いでいる人たちを応援することで、パーパスに対する認知・認識を広げ、顧客との関係性を築いてきたわけです。

パーパスなど設定せず、「最もコスパに優れ、短期的に売上が作れる施策が正義である」と考える人なら、ニッチスポーツに投資するという方法はまず選ばないでしょう。短期的な費用対効果という意味では、それほど効率的ではないからです。

しかし、レッドブルは一連のプロモーションを「売上を上げるためだけの短期的な手段」

ではなく、あくまでもパーパス達成の手段と捉え、長期的な視野に立って本気の行動を続けてきました。

その結果、2014年にジャストシステムが行った調査でレッドブルの国内認知度が82・8%となり、全てのエナジードリンクの中でトップを獲得しています。日本のエナジードリンク市場は2000年代後半に誕生し、その後多くのメーカーが参入しましたが、レッドブルは市場の中で確たる地位を築き、「商品の持つ意味」でも共通認識を浸透させています。これは、自分たちが提供している本質的価値＝商品の持つ意味をパーパスによって固定し、あらゆるマーケティング施策の指針とすることで成し得た結果だと言えるでしょう。

ここまでの話を読んで、「レッドブルだからできたことで、うちの場合は難しい」と思った人がいるかもしれません。

たしかに、レッドブルの例をそのままなぞることは難しいでしょう。また、レッドブルの成功の背景には様々な環境や個別の要因が存在しているはずです。しかし、ブランドの本質的価値をマーケティング施策の指針とし、メッセージやクリエイティブに一貫性を持たせることは、どのブランドにおいても参考にできるはずです。

1つのブランドの中でも、A商品では短期的に数字の取れるインフルエンサーにPR投稿を依頼し、B商品では広告代理店任せのブランドイメージを訴求する。こんなやり方では、せっかくお金をかけても顧客の中に共通認識を積み上げることはできません。下手をすれば、全く違うブランドの企画や広告のように受け取られてしまいます。

トレンドが毎分毎秒変化する現代において、全ての商品・サービスを横串する一貫性のある施策を設計するのは至難の業です。しかし、そうした中でも「ブランドとして一貫し続けるべきこと」と「ブランドとして臨機応変に変えるべきこと」の正しい見極めができなければ、ブレブレのマーケティング施策になり、自分たちが理想とする共通認識を顧客の中に作ることはできません。

パーパスがある企業とない企業では、マーケティング施策の一貫性において大きな違いが生まれることは明白です。パーパスは自分たちが提供している本質的価値、すなわち「一貫し続けるべきこと」が何であるかを示してくれ、「臨機応変に変えるべきこと」について議論をする余白を提示してくれます。全ての施策の最上位にパーパスを置けば、商品やサービスが異なっていても、一貫性を担保することは十分に可能なのです。

機能や品質で差別化が難しいマーケットでビジネスをする場合、いかに「意味づけを手伝ってくれる商品」になれるかが重要なポイントになってきます。商品・サービスさえもパーパス達成のための一手段として捉え、自分たちが提供している本質的価値からパーパスを考える。そのパーパスの下で本質的価値と顧客が求める「意味」をマッチングさせるために、企業やチームとして一貫性のある施策を展開し続ける。こうした考え方が大切になります。

「商品の持つ意味」を明確に示してくれるパーパスは、商品・サービスの違いにかかわらず、一貫性を持ってそれを表現していくための指針となるのです。

パーパスが必要な理由③

SNSの利用者は企業アカウントに「人格」を認めるようになった

インスタグラムを眺めていても、個人と企業のアカウントの違いはよくわかりません。個人・企業の違いに関係なく、同じ「アカウント」という概念の下、ほぼ変わりのないルールの中で存在しています。

そのような状況にあって、人は「企業のアカウントに『人格』を認めるようになった」と私は考えています。人格とは「心理面での個人的特性」のことです。

私たちは普段、無意識に他人の人格を評価しています。見た目や言葉づかい、仕草といった情報から知性や倫理観、優しさ、思いやりといったものを読み取り、「あの人は人格的かどうか？」を決めています。

誰しも「あの人は人格が良くない」と後ろ指をさされるのはうれしいことではありません。それゆえに、多くの人が成長過程でより良い人格を形成しようと意識します。ポイ捨てはしない。ありがとう、ごめんなさいを言う。人を見た目で判断しない。子どもの頃を振り返れば、失敗を通じて自分で学んだり、大人から教えられたりしたことがあったはずです。一人の人間として他人と共存し、社会の中でより良く生きようとすれば、人格について否応なしに考えざるを得ません。

個人の話に限れば、このことはイメージしやすいと思います。しかし、企業の場合はどうでしょうか？　立派な理念やビジョンはあるかもしれませんが、情報発信にまつわる人格形成について、しっかりと議論できている企業やチームはどれくらいあるでしょうか。「コンプライアンスという意味では考えている」と言う人がいるかもしれませんが、ここで言いたいのはもう少し深い話になります。

企業のSNS運用は、企業全体の公式アカウントから、商品・サービスごとに設けた個別アカウントまでありますが、情報の受け手側は全てのアカウントに対して何らかの人格を感じています。そして、自らの評価基準でそれらの良し悪し、あるいは好き嫌いを判断し、コミュニケーションを積極的に取るべきかどうかを判断します。

「その企業ならではの『らしさ』」を発信することで多くの人がポジティブな人格を感じ取れば、新たなつながりを作ることができる可能性が高まります。その意味でも、アカウントの人格形成はインスタグラムをはじめとするSNS運営において大切なものになり始めています。

ここで注意しなければいけないのは、個人と企業では人格形成のプロセスが全く異なる、ということです。

個人の人格形成は、人生というレール上にある程度プログラムされています。社会の中で生きていく限り、自然と考える機会が生じるからです。また、人格の基準を決める最終的な判断は、必ず一人の個人の中で完結します。

一方、企業は多様な個性や背景を持つ人たちの集団です。そこには多くの価値観や意見があり、個人的な願望のようなものまで複雑に混在しています。それらを集約し、1つの基準に揃えるのはかなりハードルの高い作業です。

そのような状況で一番陥りやすいのが、「人格を消す」という行為です。世の中の出来事に触れない、価値観を発信しない、コメントには対応しない、DMは返さない、といった具合です。このような考えに陥るのは日本の大企業に多い印象がありますが、これではSNSをやる意味がありません。人格を消せば批判や炎上といったリスクはなくなるかもしれませんが、一方で個性や特徴のない無機質な企業といったイメージを作り出し、マーケットでの存在感が薄れてしまうかもしれません。

パーパスは人に属さない企業の資産であり、人格形成の枠組みを作る

企業やブランドの人格を作り出し、それを広げていく上でおすすめなのが、パーパスを軸にして企業の人格を形成することです。

すでに考え抜かれたパーパスがあるのなら、人格形成の工程の半分は終わったようなものです。パーパスが設計できていなければ、これまでご説明した内容をもとに、まずはパーパ

スを設計してみましょう。

企業の人格形成で大切なのは、「どんな人だと思われたいか？」「どんな人だと思われないようにしたいか？」という2つを定義することです。企業を「人」として捉え、ポジティブ・ネガティブの双方を考えることがポイントです。

ここで再び、2章で取り上げたペットショップBのアカウント・パーパスに登場してもらいます。

「赤ちゃん犬猫のかわいくてクスッと笑える日々の様子を動画で発信することで、日本中の動物好きに笑顔を届ける」

このパーパスを踏まえ、次の2つの問いについて議論してみましょう。

・パーパスを実現している自分たちは、どんな人だと思われているか？

・パーパスを実現している自分たちは、どんな人だと思われていないか？

それぞれ書き出してみます。

《どんな人だと思われているか？》

・笑顔を日々届けているから、いつも明るくて楽しい人

・赤ちゃん犬猫が大好きな、優しくてあたたかみのある人

・動物の気持ちがわかるような、感受性・共感性の高い人

・赤ちゃん犬猫のように柔らかくてフワフワした人

《どんな人だと思われていないか？》
・犬猫の本当のかわいさを理解していない人
・犬猫を愛おしく思っていない人
・無機質で感情がない人
・犬猫へのリスペクトがない人

こうした初期イメージが企業やブランドの人格を考えていくためのヒントになります。また、これらがアイデアの切り口となり、「いつも明るく楽しそうな雰囲気を出したい」「共感という意味では、自分たちが思う『かわいい』の押しつけではなく、フォロワーが思う『かわいい』を表現したい」「クスッと笑えるのなら、スペシャル感のある内容ではなく、フォロワーにとって身近な内容が喜ばれるかも」といった議論が自然と生まれるようになります。

また、ネガティブな人格像についてイメージしておくことも大切です。何がネガティブな人格になるかをチームで話し合っておくことで「カタログ的に犬猫を紹介するような、冷たい人とは思われたくない」といったように、ポジティブを反転したイメージを先んじて言語化し、回避すべき人格像を捉えることが可能になります。

企業側が「こう受け取ってくれるだろう（こう受け取ってほしい）」と考えて人格を表現しても、受け取る側の価値観やニーズと乖離《かいり》していれば、企業の人格が伝わらなくなり、批判や炎上につながってしまうこともありえます。

１章でご説明した通り、パーパスは「企業側の目的」ではなく、「顧客側の目的」を起点として設計するものです。そのようにして設計されたパーパスには最初から顧客の視点が組み込まれているため、情報を受け取る側の価値観やニーズと乖離してしまう可能性は極めて低くなります。

企業の場合、運用チームに関わる人数が増えるほど人格形成について合意形成を図る難易度は上がりますが、こうした時もパーパスがあれば、自分たちがどうあるべきかの人格について議論しやすくなります。このような議論を経て作り出されたアカウントの人格は、多くの人に共感される未来をもたらしてくれるはずです。

パーパスが必要な理由④

ただ利益を追求するだけが企業の役割ではなくなってきた

洪水や森林火災、記録的な猛暑や寒波など気候変動にまつわる災害が多発している昨今、世界中の人々が環境問題への意識を高めています。

人々の憂いの対象になっているのは環境問題だけではありません。フランスの経済学者トマ・ピケティ氏らが運営する「世界不平等研究所（World Inequality Lab）」によると、２０２１年時点で世界の上位１％の超富裕層の総資産は世界全体の個人資産の37・８％を占め、下位50%の総資産は全体の2%にも満たないとしています。新型コロナウイルスの感染拡大で世界中の経済が停滞し、富裕層と貧困層の格差はますます広がっています。

この他にもSDGs（持続可能な開発目標）で掲げられた17の目標が示す通り、人権やジェンダー、紛争やエネルギー問題など、世界は今も様々な問題を抱えています。

2022年9月、スタンフォード大学は環境に特化した新学部を設け、「グリーンテック」と呼ばれる気候変動対策に向けた技術開発や人材育成を行うことを発表しました。地球が限られた資源であること。極端な利益追求の姿勢が地球環境の悪化を加速させていく可能性があること。そのような状況に危機感を募らせたことが、新学部設立のきっかけになったのではないでしょうか。

ビジネスの世界でも様々な社会課題の解決を事業の中心に置き、その解決に取り組む企業が増えています。その1つ、株式会社ボーダレス・ジャパンは「ソーシャルビジネスで世界を変える」というビジョンを掲げる社会起業家集団です。

社員一人ひとりが社会起業家という同社では、ビジョンを達成するためにユニークなルールを設けています。経営者の報酬は社内で一番給与の低い社員の7倍以内とすること。株主は出資額を上回る配当は受け取れないこと。これらは、格差が必要以上に広がることを避ける、あるいは、黒字化による余剰利益は株主配当ではなく次代を担う社会起業家に投資する（恩送り）といった目的から設けられたルールで、事業による社会課題の解決だけでなく、自分たちの足元からも社会課題を解決しようとする取り組みだと言えるでしょう。

このように「社会課題を解決する」という観点はビジネスにおいて日に日に重要性を増しており、顧客をはじめとするステークホルダーの意識も大きく変化しています。

日本総研が2020年に発表した調査によると、10〜20代前半の学生のうち約47％が環境問題や社会課題に取り組んでいる企業で働きたいと回答しています。また、様々な消費者調査を見ても、商品やサービスの購入に際して企業が環境問題や社会課題の解決に取り組んでいるかどうかを意識する人が、若い世代を中心に増え続けています。

「自分たちの儲けだけを考える企業」はステークホルダーから選ばれなくなり、市場からの撤退を余儀なくされる――近い将来、そんな時代が到来するかもしれません。一方で「儲け」の先にあるものを定義するパーパスは、企業としてはもちろん、商品やサービスというレベルでも、今後あらゆるステークホルダーに求められるようになると言えそうです。

「事業を通じて何を実現したいのか？」をパーパスで表現しよう

ソフトバンクグループの孫正義氏は、創業以来、一貫して「情報革命で人々を幸せにする」と発信し続けています。これはまさしく、同グループのパーパスそのものでしょう。

孫正義氏は2010年6月の株主総会で「ソフトバンク　新30年ビジョン」と題し、情報革命がどのように人々の幸せにつながるのかについてプレゼンテーションしました。

「悲しみを一つでも減らしたい」「喜びを大きくしたい」。そんな言葉を使いながら、グループ事業の先にあるビジョンについて話をしています。ここでは詳細については触れませんが、ご興味がある方はYouTubeで検索してみてください。

今や同グループは投資会社化が進み、外から見ると「利益追求」一辺倒であるかのように映るかもしれません。しかしながら、「何のために事業をやるのか?」というパーパスは創業以来全くブレておらず、トップがそれを繰り返し発信してきたことで、同グループの「人格」や「意味」が損なわれることはありませんでした。

企業にとって利益はとても大切なものです。利益は企業のエネルギーそのものであり、利益がなければ事業活動はできません。とはいえ、利益はあくまでも目的を達成するための手段にすぎないのです。

世界中の人々は今、どの企業が社会や環境に貢献しているのかを注視しています。手に入れたエネルギーを何のために使うのか。それを明確に言語化し、行動を伴った形で広く社会に発信していくことの重要性は、今後もますます高まっていくでしょう。このような流れもまた、パーパスが必要とされるようになった理由と考えられるのです。

04

パーパスを
上手に設計するための
7つのコツ

パーパスを設計すること自体はそれほど難しくありません。ただし、「本当に機能する良質なパーパス」を設定するにはちょっとしたコツが必要です。本章ではその考え方をお伝えします。

①顧客目線で「フォローメリット」を考える

うまくいっていないインスタグラム運用で生じる問題の大半は、「顧客目線を忘れてしまっている」という点から生じています。

「そもそもこのアカウント、誰がフォローしたいと思うんだっけ?」。チームの中からそんな問いかけを出すことができないがゆえに、何のフォローメリットにもつながらないアカウントを運用し続けているケースは少なくありません。そのような状態のアカウントはまず、パーパスを設計する必要があります。

この方法の詳細は2章でご説明していますので、ここでは省かせていただきます。

②「顧客との関係性」を考える

インスタグラムアカウントにおけるパーパスは、「顧客との関係性」を考慮して設計する必要があります。

「顧客との関係性」とは、「情報（企業から発信される一方的なメッセージ）に対して価値を感じる顧客がいるかどうか」ということです。

「顧客と有効な関係性が構築できている」とは、すでにブランドが広く認知され、企業からの一方的な発信にニーズを感じる人が多く存在し、価値のある情報として商品の口コミを発信してくれる可能性が高い状態です。

「顧客と有効な関係性が構築できていない」とは、ブランドが認知されておらず、企業からの一方的な発信がスルーされてしまい、口コミも広まらないという状態です。

顧客との関係性が構築できているブランドの代表例に、スターバックスコーヒー（以下スターバックス）があります。新商品を発表すれば、多くのアカウントがこぞって拡散をします。この状態にあるブランドのアカウント・パーパスは、主語に「自社ブランド」、そして目的語に「商品」を持ってくることをおすすめしています。

スターバックス公式アカウントのパーパス例

「スターバックス（＝主語）の商品（＝目的語）の魅力を伝える」

これは多くのブランドにとっての理想でもあります。自分たちの商品の魅力を表現することだけに集中すれば、自然発生的に口コミが広がり、新たなフォロワーとの出会いが生まれていくからです。

もちろん、新規に立ち上げるブランドでも、同じように「自社ブランド」「商品」を中心としたパーパスを設計することは可能です。ただし、顧客との関係性が構築できていない場合、難易度は非常に高くなります。企業からの一方的な発信だけでは数字が作れないため、それとは別にアカウントの集客のために広告やプロモーションが必要になるからです。

時々、顧客との関係性が構築できていないのに、スターバックスと同じようなパーパス設計を行い、外からの集客導線を設けないままに運用し続けているアカウントを見かけます。「色々と工夫しながら商品情報を発信しているのに数字が作れない」という悩みを抱えている企業は、顧客との関係性の違いに気づいていません。様々な施策を講じる前に、まずは自分たちのブランドが「顧客との関係性が構築できているか？」を正しく見極めることが大切です。

顧客との関係性が構築できていない場合は、広告やプロモーションでの露出を増やす設計をするか、もしくはパーパスを見直してマーケットニーズのあるコンテンツ制作に取り組むかを検討しなければなりません。

③コンテンツのマーケットサイズから考える

マーケットニーズのあるコンテンツを発信し、アルゴリズムによって拡散されることで新しい顧客との出会いが生まれる――これは多くの人がイメージするインスタグラム運用の理想形かもしれません。今まで私が相談を受けた企業の中にも、そのような理想をイメージして運用している企業は少なくありませんでした。

場合によって、この戦略は非常に効果的です。

例えば、約22万人のフォロワーを有する「ミツカン（@mizkan_official）」の公式アカウントを見ると、フィードにはおいしそうなレシピがずらりと並んでいます。誰がどう見ても企業アカウントではなく、レシピアイデアを提供する個人アカウントのように見えます。フィードを見渡す限り、ミツカンの商品情報はどこにもありません（２０２３年３月30日時点）。

「ミツカンの商品情報が見られる」というメリットを感じてフォローしている人よりも、「簡単に作れるおいしいレシピアイデアが見られる」というメリットを感じてフォローしている人のほうが圧倒的に多いことは、容易に想像がつきます。

このミツカンのアカウント・パーパスが、「ミツカンの商品の魅力を伝える」でないのは明らかです。「ミツカンの商品の魅力を伝える」であったなら、このようなアカウント運用にはなっておらず、22万人ものフォロワーを集めることはできなかったでしょう。「おすすめレシピや季節の食材を使った簡単レシピを紹介する」というパーパスを事前に設計したからこそ、ブレずに一貫したコンテンツを提供し、フォロワーも伸ばせているのです。

このように自分たちがいるマーケット（ミツカンの場合は「レシピ」というマーケット）の

大きさによって、自社商品を主語に置かないパーパス設計が効果的な場合があります。

ここで注意しなければいけないことは、コンテンツにはマーケットサイズというものが存在する、という点です。例えば、「あやとりで東京タワーを作る方法」よりも「5分で激うま餃子をレンチンで作る方法」というコンテンツのほうが、インスタグラム利用者のニーズは高くなります。

インスタグラムでは、

①知らない情報である

②日常の課題を解決する

③簡単に真似できる

という3つの要素を含んでいるコンテンツが、多くの人たちのニーズを満たすものとなります。

そのため、多くの人が毎日考えたり、目にしたりするレシピ・家事・ファッション・育児・ペットなどはマーケットニーズが高く、かつマーケットサイズも大きいため、これらのテーマでフォロワーを獲得しているクリエイターは数多く存在します。

もし、あなたのブランドがマーケットニーズの高いジャンルの商品をメインにしているのなら、世の中で求められているコンテンツトレンドを意識したアカウント運用を行うことで多くのフォロワーとつながれるチャンスが高まります。

もちろん、コンテンツをたくさん作っても、そこに商品情報を上手に組み込まなければ意味がありません。唐突に商品を出せば広告色が強く出すぎてしまいますし、一切出さないようにすると売上が遠のいてしまいます。マーケットサイズや商品とコンテンツの関係性をよく吟味して判断していきましょう。

④「新商品の量」から考える

企業のインスタグラムアカウントにおいて、「新商品」はとても重要なコンテンツです。そのため、「新商品の数が多い」というビジネスモデルであれば、それだけでチャンスを増やすことができます。実際に、新商品の数が多いブランドはインスタグラムでもフォロワーを増やすことに成功しています。

また、新商品ではなくとも、商品数自体が多い場合も似たような状況を作ることが可能です。半年前に発売した商品でも、フォロワーに伝えることが初めてなのであれば、それはフォロワーにとっての「新情報」となり、価値が高まるからです。

このように、新商品の数や商品点数が多い場合も、パーパスの主語に「自社ブランド」、そして目的語に「商品」を持ってくることをおすすめしています。

ただし、この場合も顧客との関係性やマーケットニーズを考慮する必要があります。例えば、ストローを日本で一番売っている会社が「新発売するストローを紹介する」というパーパスを掲げても、前述した「②日常の課題を解決する」「③簡単に真似できる」という要素が乏しければ、フォロワーは増えないでしょう（上手にエンタメ的要素に昇華できれば、可能性は0ではないかもしれませんが）。

衣食住など、多くの人が毎日考えたり目にしたりするテーマにコンテンツを近づければ近づけるほど、興味関心を引くことができるようになります。たとえ顧客との関係性が構築できていない状況でも、新商品を多く発信でき、テーマが衣食住に近ければ、臆することなく商品情報を発信していきましょう。

⑤抽象と具体のバランスを考える

パーパスは抽象的すぎるとイメージが散漫になり、具体的すぎるとアイデアや施策の幅が狭まってしまいます。そのため、抽象と具体のバランスが偏《かたよ》らないように調整を図ることが重要になります（図11）。

例えば、あるコスメブランドが「みんなに好かれる女性になるための情報を発信する」というパーパスを設計したとします。

「みんな」という主語も「好かれる」という言葉も「情報」の定義も抽象度が高く、曖昧《あいまい》で

ちょうど良い抽象度がアイデアの幅を生み出す

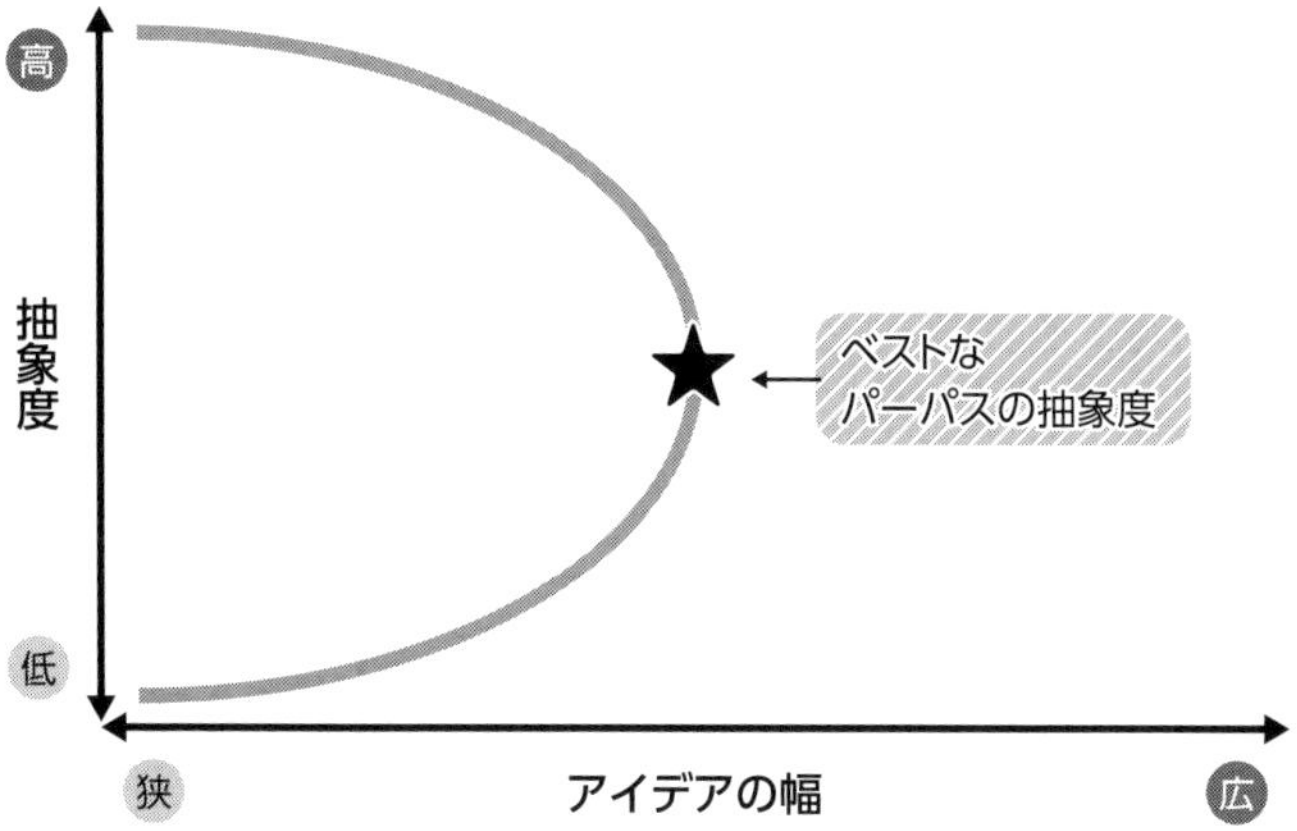

図11　抽象と具体のバランスを考える

す。こうなると発信する情報のアイデアを詰めていく際、チームメンバーのイメージが分散してしまい、パーパスの発信内容の良し悪しを決める共通の判断基準とすることができなくなります。

反対に、「商品Ａの使用感をわかりやすく伝える」といったパーパスは具体的ですが、「商品Ａの使用感」に限定されているため、早い段階でアイデアが枯渇してしまうことが目に見えています。

これら２つのパーパスは、いずれも「良くないパーパス」の典型例です。

効果的に機能するパーパスを考える際は、「そのパーパスがあるとないとでは、発信内容の良し悪しを決める判断基準が異なるか？」「アイデアや施策の幅が狭まっていないか？」と問いかけ、運用チーム内でベストなパーパスの抽象度を定めていきましょう。

⑥本気で実現を考えて問いを立てる

どれだけ優れたパーパスでも、活用されなければ意味がありません。アカウントの方向性やコンテンツについて議論する際は、設定したパーパスに何度も立ち返り、「どうすればこのパーパスが達成できるか？」を本気になって考え抜くことが重要です。

例えば、「透明感のある肌を実現する」というパーパスを掲げたコスメブランドがあるとします。パーパスを本気で達成しようとするチームは、パーパスについて深く思考しようと努めます。すると、「そもそも、透明感のある肌って何だっけ？」といった本質に立ち返る問いが当たり前に出てくるようになるはずです。

上手に使いこなせれば、「そもそも論」は新たなアイデアの扉を開く鍵になります。そもそも論によって抽象度が上がれば、「透明感のある肌≒肌トラブルが少ない」といった仮説を複数定義することが可能になり、そこから「肌トラブルを少なくするために、自分たちのアカウントができることは何か？」という新たな問いを引き出せるようになります。

他社と横並びになるような借り物の言葉や情報では顧客の心に届きません。パーパスを本気で達成するという姿勢こそが、多くの人にフォローメリットを感じてもらえるオンリーワンの情報（発信すべき情報）の種となり、進むべき道を示してくれる指針となるのです。

⑦チームメンバーが共感できる内容になっているかチェックする

チームが本気になれるかどうかは、あらゆる要素に勝る重要な成功条件です。

チームの本気を引き出すことは簡単ではありません。しかし、全員で本気の議論を重ね、誰もが心から共感できるパーパスを設計することができれば、チームの実力を十全に引き出すことが可能になります。

反対に、「どのような肌質の人にも透明感のある肌を実現するというのは無理な気がする」といったように、パーパスに疑問を持つメンバーがいる状態では、価値あるクリエイティブを作り続けることは難しくなります。そうした意味では、パーパスの設計方法やメンバーの巻き込み方も重要になるでしょう。

パーパスを設計する際は、心理的安全性をきちんと担保し、誰もが自由に意見を出し合いながら、心から納得・共感できる表現が見つかるまで何度も議論し、合意形成を図っていくことが大切になります。

05

インスタグラムの戦略

本章では、インスタグラム戦略を考えていくにあたって重要な柱となる「コンセプト」「価値観」「スタイル」についてご説明します。

コンセプトとは何か？

コンセプトとは、「コンテンツの切り口を生み出す基盤となる概念」です。少しわかりづらいので、たとえ話をします。

あなたはスタジオジブリのSNS担当者となり、インスタグラムの運用責任者となりました（2023年3月時点で公式アカウントは存在しません）。あなたはまず、アカウント・パーパスを「ジブリの魅力をファンと共に広めていく」と定義しました。ファンが多いジブリならではのパーパスであり、社内からも高い共感が得られました。しかしながら、このままでは具体的にどのようなコンテンツを発信すればよいのかイメージすることができません。こうした場合、コンセプトを考えることで具体的な施策が考えやすくなります。

そこであなたは『あの名シーンをもう一度！』コメント欄で語り合えるジブリコミュニティ」というコンセプトを設定しました。過去作品の中から15～30秒のシーンを切り出して配信し、動画を観た人たちがコメント欄でそのシーンや映画の感想を語り合う、というイメージです。このようなコンセプトが決まれば、「15～30秒のリール動画を継続的にアカウントにあげて、キャプションで感想をコメントしてもらうことを促す」という具体的なコンテンツ施策ができあがります。

コンセプトはパーパスとコンテンツの間に位置する概念で、コンテンツアイデアの切り口となります。場合によってはパーパスとコンセプトが同じ役割を果たすこともあり、アカウントによってコンセプトの重要度合いは変わってくるというのが特徴です。

コンセプトを考える際のコツは、「コンテンツを先にイメージしてみる」ことです。つまり、「このコンセプトで共感を生み出すコンテンツを継続的に出し続けられるのか」を事前にシミュレーションするということです。

例えば、「スタジオジブリの魅力を動画で発信する」というコンセプトを設定して、コンテンツを考える場合を想定してみましょう。これでは「魅力」「動画」の定義が曖昧で抽象的なため、具体的なコンテンツをイメージすることができません。

次に、『となりのトトロ』の魅力を動画で発信する」というコンセプトで考えてみるとどうでしょうか。映画タイトルという具体性があるため、コンテンツを作り始めることはできそうですが、1カ月分のアウトプットを出し切った後、次に続くアイデアを出すのは相当厳しそうです。仮に1つの投稿に含める情報量を少なくしてネタの数を増やそうとしても、肝心の投稿がおもしろくなくなる可能性もあります。このように、コンセプトが具体的すぎてもうまくいかないのです。

このあたりはパーパスにおける抽象と具体のバランスと考え方は同じです。こうしたことを防ぐためにも、コンセプトの候補を考えたら、今後の継続的なアカウント運用に耐えうるかどうかをシミュレーションすることが大切なのです。

コンセプトの評価項目は5つです。全ての項目に耐えうるコンテンツを生み出せるかどうかを厳しくチェックしていきましょう。

①そのコンセプトによって生み出されるコンテンツは、制作していくコストが現実的であるか？

②そのコンセプトによって生み出されるコンテンツは、競合アカウントと比べて見劣りしないか？

③そのコンセプトによって生み出されるコンテンツは、マーケットニーズがあるか？

④そのコンセプトによって生み出されるコンテンツは、商品価値の訴求を組み込めるか？

⑤そのコンセプトによって生み出されるコンテンツは、フォロワーがフォローし続けるメリットを提供できるか？

これらの評価項目に照らしながら、魅力的なコンテンツを継続的に生み出し続けられるコンセプトを見つけていきましょう。

なお、コンセプトは4章でご説明した「顧客との関係性」と「新商品の発信量」と深く関わっており、これらを踏まえながら設計する必要があります。

価値観とは何か？

価値観とは、「ある物事に対する個人的な視点・主張」です。「選挙に行くべきである」という一文で考えてみると、「選挙（＝ある物事）に」「行くべきである（＝個人的な視点・主張）」となります。

インスタグラム運用において、どの物事にフォーカスし、どんな視点・主張を付与するかは、企業が設計するパーパスによって決まります。

価値観を発信することで多くのフォロワーから支持を集めているブランドの一つ、「BOTANIST（@botanist_official）」は、植物由来成分を配合した自然派シャンプーなどを開発・販売するヘアケアブランドで、環境に優しい製品作りやサステナブルな活動を行っています。ブランド価値に「植物」というキーワードが明確に含まれており、その文脈からインスタグラムアカウントでは「植物と共に生きる」という価値観を発信しています。つまり、「毎日の生活（＝ある物事）に植物は必要だ（＝個人的な視点・主張）」という価値観を発信しているわけです。

価値観は「個人的な主張の発信」です。言い換えると、「人によって正解が異なる価値基準に、あえて『私たちはこれが正解だと思う（不正解だと思う）』と主張する」ことです。それゆえに、場合によっては発信が賛否両論を生むこともあります。

このように言うと、少なくない企業が身構えてしまうでしょう。しかしながら、価値観の発信は「共感」という現代のマーケティングにおいて必要不可欠な要素を生み出してくれるきっかけとなります。大事なことは「どの物事（＝テーマ）」を選び、「どのような意見を発信するか」を真剣に考え抜くことです。

ＢＯＴＡＮＩＳＴの場合、「毎日の生活に植物は必要だ」という価値観を発信することを選んでいます。モノがあふれ、誰もが時間に追われる現代において、「植物と共に生きる」という価値観を好む人は確実に増えています。同社のアカウントでは商品情報とともに、自然の美しい風景や草花、日常の中にある植物など、「植物と共に生きる」という一貫した価値観や世界観の下で様々な投稿がなされており、少なくない共感者を生んでいます。

最近は多くの人が、ハッシュタグ検索を通じて自分の価値観に合うものとの出合いを探しています。「毎日の生活に植物を取り入れたい」と思う人は、「#植物と暮らす」「#植物の癒やし」といったハッシュタグを付けて検索しています。

このワードで検索をする人はＢＯＴＡＮＩＳＴの良き共感者となる可能性が高く、ブランドとしてつながりを作っておきたいところです。実際に、ＢＯＴＡＮＩＳＴは明確にそのことを意識しており、「#植物と暮らす」「#植物の癒やし」と検索すると同ブランドの投稿が上位に出てきます。このような状態を作ることができれば、「商品への興味」ではなく「価値観への共感」を軸にして、新しい顧客との出会いを生み出せるようになります。

いかがでしょうか。インスタグラムを通じて価値観と価値観のマッチングを作り出すことで、企業は新たな顧客に自社の情報をリーチし、ビジネスを加速させることができるようになります。

なお、発信する価値観を決める際、以下のステップを意識するとチームとして議論しやすくなります。

①何の「物事」について発信するかを決める（環境問題、家族との時間、植物との生活、無理をしない生き方、など）
②「①」で決めた物事に対する「主張内容」を決める（環境問題を解決することが企業の役割だ／家族との時間はこの世で最も大事な時間だ、など）
③「②」で設定した価値観に共感する人のマーケットがどれくらいあるのかを、ハッシュタグで類似検索して分析する

スタイルとは何か？

ここで言うスタイルとは、「自らの好みや特徴を見た目で表現したもの」です。個人の場合なら、その人の好みや特徴が、髪型や服装、小物、あるいは立ち居振る舞いなどを通じて

スタイルとして表現されます。

スタイルの発信は企業でも重要視されるようになっており、キャッチコピー、色、フォント、写真、質感（ライティング）など、いわゆるトーン＆マナー（ユーザーに与える世界観やイメージを統一するためのルール）に基づいて各社がスタイルを表現しています。

インスタグラムにおけるスタイルは、「フィード」に集約されます。一連の投稿などを通じて積み上げてきたクリエイティブの表現が、1つのフィードに集約されることで、その企業のスタイルを形作っています。

私はよく、同じ分野で競合する企業のフィードを見比べながらスタイルの違いについて研究しています。例えば、ヘアケアブランドのフィードを眺めていると、販売する商品系統は同じでも、フィードで表現されているスタイルは全く異なることがわかります。あるブランドは「楽観的、純粋、無邪気」を表現し、別のブランドは「自由、冒険、向上心」のイメージを表現しています。そうかと思えば、「素朴な、平等な、親しみやすい」というスタイルを上手に表現することで共感を集めているブランドもあります。

コスメ、ファッションなど機能的な差別化が難しいマーケットにおいてスタイルの重要性は年々増しており、同様のマーケットは今後も増えていくと思われます。特にインスタグラムでは、自分のスタイルに合ったブランドとの出合いを求めている人が多く存在しており、今後は自社独自のスタイルを生み出せるかどうかが顧客に選ばれる鍵となるでしょう。

「コンセプト」「価値観」「スタイル」を確立させると何がうれしいのか？

「コンセプト」「価値観」「スタイル」。インスタグラム運用において全て重要な要素であることは間違いありませんが、細かく見ていけば、マーケットやブランドの種別によって、それぞれ何がどれだけ必要かのバランスは変わってきます。

ただ、これらの要素を意識することで得られるメリットは明確にあります。それは、「ブランドにオリジナルな価値をもたらしてくれる」という点です。

一般的に「ブランド力」と呼ばれているものに近いかもしれませんが、ここではそのブランド力をひも解きながら、企業アカウントにおいて「コンセプト」「価値観」「スタイル」を上手に作り上げることで得られるメリットについて解説していきます。

お伝えするメリットは次の４つです。

1. ブランド力が手に入る
2. 他社と差別化できる
3. 顧客との新たな出会い、つながりを生み出せる
4. 共感者による口コミの増加、新規顧客の集客

細かく見ていけば他にもありますが、どれもなかなか魅力的なメリットと言えるでしょょ

う。なお、ここからは「コンセプト」「価値観」「スタイル」の3つの集合体を「世界観」と定義して話を進めます。

1.ブランド力が手に入る

機能や値段、品質は交換可能な要素です。商品・サービスを比較し、AをやめてBにするといったように、機能や値段、品質はどちらが自分の利益になるかという明確な基準で判断することが可能です。

一方、世界観は交換不可能な要素です。「Aというブランドの世界観が好き」というのは、あなた個人とAというブランドとの関係性においてのみ成立する事象です。その後、BというブランドとＢ出合い、その世界観に魅力を感じたとしても、あなたが抱いているブランドAの魅力が損なわれることはないでしょう。

私は大学生の頃からノラ・ジョーンズが好きです。最近はエド・シーランの曲も聴くようになり、その世界観が気に入っています。しかし、それによって「ノラ・ジョーンズが好き」という感情が失われることはありません。このように、世界観には比較や代替といった発想が入り込まない、という特徴があります。

機能や値段、品質のみでつながった関係はいつ競合に取って代わられるかわかりません。世界観で惹きつけることができれば、競合に左右されなくなり、唯一無二のポジションを獲得することも可能です。企業は今、このことを強く認識しておく必要があります。

2. 他社と差別化できる

一般的に、企業は機能、値段、品質において競合との差別化を図ろうとします。しかし、技術レベルが底上げされ、情報が均一に行き渡るようになった現代において、機能性での差別化はますます難しくなっています。実際、ネットで「鉄製フライパン」を検索し、ほしいものを探そうとしても、コスパや機能に優れたものは山のようにあり、それらを基準に選ぶことは至難の業です。

こうした横並び状態の中に、「なんとなく好きかも」という気持ちを抱かせてくれる商品があったらどうでしょうか。

多くの人に「なんとなく好きかも」という気持ちを抱かせるような商品は、その時点で他社との差別化が少なからず実現しており、インスタグラム上でも多くの数字を獲得することができます。そのステージに上がるために必要なのが、世界観なのです。

3. 顧客との新たな出会い、つながりを生み出す

ここ数年、「刈り取り型の広告こそ最も売上につながる」という話を耳にします。刺激的なビジュアルで指を止めさせ、「買うか買わないか、今決めて！」と急《せ》かしてくる広告が売

上に直結しやすいことは、たしかに間違いないと思います。

今は検索履歴などから特定の課題を抱える人を割り出し、ダイレクトに広告を配信することもできるため、「〇〇について悩んでいる」という人にリーチできれば、高い割合で売上につなげることができます。そう考えれば、「今」という時間軸で顧客を限定し、広告を配信することは効率的な方法と言えるかもしれません。

しかし、この方法には1つ落とし穴があります。それは「今は買わない」を選択した人とのつながりを切り捨ててしまう、ということです。

そもそも、顧客を「今買う人」「今は買わない人」に分けることなどできません。「今は買わない人」の中には、「今すぐ判断できない」「買ってもいいけど今は買わない」「他の商品と比較したらほしくなるかも」「今はいらないけれど魅力的だと思う」といったように、数え切れないほどのニーズ分類があるからです。そのため、即断即決を迫り、「今は買わない」という人を切り捨ててしまう刈り取り型広告は、実は長期的に見ると非効率な部分があると私は考えています。

世界観を作り上げるという行為は刈り取り型広告の対極にあり、すぐには売上につながらないかもしれません。しかし、それは「今買う人」だけでなく「今は買わない人」にも確実に届く方法であり、新たな出会いやつながりのきっかけになるなど、刈り取り型広告では得られないメリットを企業にもたらしてくれるはずです。

4．共感者による口コミの増加、新規顧客の集客

パーパスに基づいた世界観を発信していると、共感者による口コミは確実に増えます。Twitter のタイムラインを眺めていても、「このブランドの世界観が好き」「この企業の価値観やスタイルに憧れる」といった感想を伴った口コミがたくさん流れてきます。

また、共感の輪が広がるほど、新規顧客とのつながりも生まれます。

「この商品、なんか気になるなあ」

そんなふうに思ってくれる顧客との出会いは、どの企業にとってもうれしいものです。あなたは自社の商品やサービスについて、そのような感想をつぶやいてくれる人を想像できますか？　想像できないのであれば、それは世界観が作れていないことに原因があるのかもしれません。

パーパスに基づいた世界観を作り、それを発信すると、どんなことが起こるのか？

私が好きなブランドに「ブルーボトルコーヒー（@bluebottlejapan）」があります。ブルーボトルコーヒーは、産地や生産工程などに徹底的にこだわった豆を使い、注文を受けてから一杯ずつ丁寧に豆を挽き、ドリップするスペシャリティコーヒーが特徴です。

私が初めてお店を訪れたのは、２０２１年の夏でした。コロナ禍にあっても人気は全く衰えず、長い行列ができていましたが、私の順番が回ってくると、時間をかけて丁寧に接客し

てくれたことを鮮明に覚えています。コーヒーはとてもおいしく、洗練されたデザインの店内は実に気持ちが良いものでした。私は以前にも増して、さらにブルーボトルコーヒーを好きになったのです。

ここで注目していただきたいのは、私は「初めて」ブルーボトルコーヒーを訪れたのに、「さらに」ブルーボトルコーヒーを好きになったということ。つまり、私はお店を訪れる前から「ブルーボトルコーヒーが好き」という感情を抱いていたのです。

なぜ、このようなことが起こるのでしょうか？　おそらく、お店を訪れる以前からSNSアカウントをフォローし、ブルーボトルコーヒーの世界観に触れていたことが理由だと考えます。

彼らのパーパスや世界観は、次の一文に示されています。

創業以来、〝おいしいコーヒーをより多くの人に届ける〟をミッションとしているブルーボトルコーヒーは、デリシャスネス、ホスピタリティ、サステナビリティの3つを大事にしています。
——Blue Bottle Coffee Japan 合同会社ホームページより

この一文は、提供するコーヒーやサービス、店内のデザインにも忠実に反映されており、インスタグラムのアカウントでもしっかりと表現されています。

「おいしいコーヒーをより多くの人に届ける」というシンプルなミッションは、「ブルーボトルコーヒーの魅力を表現する」というアカウント・パーパスを生み出し、「ブルーボトルコーヒーの最新情報を伝える」というコンセプトにつながり、「ブルーボトルコーヒーはコミュニティに根付くべき」という価値観を発信することで、「ナチュラル、清潔感、地域、シンプル、信頼性」を表現するスタイルを作り上げています。

私はこのアカウントの世界観と、それに共感する人たちが発信する口コミを見聞きするうちに、ブルーボトルコーヒーの世界観に魅了されていったのだと思います。そして、お店を訪問する前から「実際に訪れたら、きっと素晴らしいに違いない！」というマインドセットが私の中にできあがっていたわけです。実際に体験したブルーボトルコーヒーは期待以上の価値を提供してくれました。あらためて考えると、それが「初めて」なのに「さらに」好きになった理由だと感じています。

私は特別コーヒーが好き、というわけではありません。お店を訪れた理由も「コーヒーが飲みたい」という気持ちは半分ほど。残り半分は「ブルーボトルコーヒーに行きたい！」という気持ちだったと思います。「おいしいコーヒーがある」という情報だけならお店に足を運ばなかったかもしれません。ブルーボトルコーヒーが発信する世界観に対する好奇心が、私の足をお店に向けさせたのです。

このようなことは、誰しも一度は体験したことがあると思います。企業や商品・サービスが発信しているコンセプト、価値観、スタイルがなんとなく気になり、ふらりとお店を訪れたり、商品情報を検索してみたり、サービスを試用してみたり。企業が発信する世界観は、今日も多くの共感者の行動に変化を及ぼしていることでしょう。

世界観を確立する際に気をつけてほしいこと

世界観の設計は、付け焼き刃で行っても意味がありません。「ＳＤＧｓが流行ってるから、うちも乗っかろう」的な発想では、世界観が不明瞭になるだけでなく、発信する情報の一貫性がなくなり、継続性も伴わなくなるため、確実にフォロワーにバレてしまい、共感を呼び起こすことはできません。

発想の中心にブランド価値から考えられたパーパスがあってこそ、コンセプトが定まり、価値観とスタイルが研ぎ澄まされていくのです。まずはこの点をしっかり押さえてほしいと思います。

ただ、このような話をすると「うちの会社は無理ですね」とため息をつく人がいます。「そもそも、うちの会社はパーパスなんて考えたことはない。売れれば何でもいいと考えています。そのため、インスタグラムでどんな世界観を作り発信すればいいのか、それを考えるための指針がないんです。だから、私は何もできないんです」

実際に、このような悩みを打ち明けられた経験は一度や二度ではありません。気持ちはわかります。たしかに、人々に共感される世界観を作り上げている企業やブランドは、創業者が事業に対して圧倒的なこだわりを持っている場合が多いのは事実です。最初から「なぜ、この事業をやるのか」「どんな価値を提供するのか」が明確であれば、世界観も研ぎ澄まされたものになり、プロダクトやサービスにも反映されてくるものです。

しかしながら、そうした土台がないからといって諦めていては話が始まりません。パーパスを持たなかったブランドが懸命に考えて公式アカウントのリニューアルを行い、フォロワーを1年間で4万人以上増やし、売上を何千万円も作った事例を私自身経験しています。プロダクトやサービスを開発して販売している以上、そこには何らかの思いがあります。そもそも、「パーパスや世界観が皆無である」というブランドは存在しないと私は考えています。

また、最初からパーパスや世界観を有しているブランドでも、その時々のマーケットの反応やトレンド、顧客ニーズに合わせて既存の世界観を見直し、作り替えていっています。つまり、「プロダクト開発→販売→世界観へのフィードバック」という順番は間違っておらず、むしろそれが正しいループなのです。現時点でパーパスや世界観がなかったとしても、今から考えていけばいいわけですし、それ自体、不可能な話でも何でもありません。

今の時代、顧客とコミュニケーションを取る方法はたくさんあります。もちろん、インスタグラムは顧客とコミュニケーションを取るための最高のツールの一つです。とりわけ、インスタグラムの最大のメリットは、市場からいつでもすぐにフィードバックを受けられること。だからこそ、「自分たちのブランドに対して顧客はどのような認識を持っているのか？」を日々ウォッチすることで、パーパスや世界観を短期的に作り込んでいくことは十分に可能なのです。

私のお客様にも、前述のような悩みを抱えていたところ、顧客との対話を通じて商品やサービスの提供価値を見いだし、そこから価値観やスタイルを確立していったブランドがあります。

そのお客様は初期のディスカッションにおいて、企業の内側からわき出てくるようなこだわりが見つけ出せなかったため、まずは無難な方法でブランドを訴求していきました。後日、市場から受けるフィードバックをテコにして価値観やスタイルを固めていけばいいと考えたからです。

アカウントで発信したコンテンツの中で、どのような内容が反応されやすいのか？

フォローや口コミをしてくれる人はどのようなものを好むのか？

こうしたことを日々丁寧にウォッチしていると、「うちのブランドはこういう人たちに支持されやすい」という傾向がわかってきました。そこから主たる顧客のペルソナや、商品・サービスが提供している本質的な価値をキーワードで拾い出し、粘土をこねるように何度も検討を重ねた結果、多くのフォロワーや顧客に響くシンプルなパーパス、価値観、スタイルが確立できました。

パーパスから世界観を見いだし、そこからブランドを形作っていくことは並大抵の努力ではできません。内側からわき上がってくるこだわりがなく、アイデアのフックや軸もないとなれば、「どうせ無理」と諦めたくもなるでしょう。

そのような時は、顧客の声に耳を傾けてください。そして、顧客とコラボレーションしながらパーパスや世界観を作り込み、顧客とのマッチングを実現していきましょう。

顧客とのコミュニケーションを愚直に取り続ければ、必ず自社ならではのブランドが立ち上がってきます。パーパスや世界観が定まっていなくても、インスタグラムを活用すれば、顧客との対話の中でそれらを見いだしていくことは十分可能なのです。

06

パーパス起点でインスタグラムの施策を考える

インスタグラムで考えるべき施策は、「コンテンツ」「口コミ」「キャンペーン」「広告」に大別できます。本章ではパーパス・ベースド・インスタグラムに基づいて、これら4つの施策について考えていきます。

1．コンテンツ施策

これは、インスタグラム上でマーケットニーズのあるコンテンツを発信することで、理想の顧客との距離を近づけていく施策です。コンテンツの中に商品情報を上手に織り交ぜていけば、関係性が0の状態からでも「認知」「認識」が同時に作れる、とても有益な方法です。

コンテンツは関係性が0の状態でも情報に価値を与えられる魔法の杖

「見ているだけで気持ちが動かされるストーリー」

これが私の考えるコンテンツの定義です。

情報の受け手との関係性が0の状態でも、コンテンツは情報に対する新たな認知・認識を生み出し、情報に新たな価値を付与し、関係性を作り出してくれます。

2001年にフジテレビ系で放送された『HERO』、とてもおもしろいドラマでしたよね。木村拓哉さんが型破りな検察官を演じ、30％超の平均視聴率を叩き出した大ヒット作です。

このドラマで木村拓哉さんが着ていた茶色いダウンジャケット、覚えている方も多いのではないでしょうか。これはA BATHING APE®のシープスキンダウンジャケットで、放送当時、爆発的に売れたそうです。

なぜ、いきなり『HERO』の話なのかというと、この時の『HERO』こそ、まさしくコンテンツとしてわかりやすい事例だからです。

私は次の4条件を満たすものを「コンテンツ」と呼んでいます。

①知らない情報である
②日常の課題を解決する
③簡単に真似できる
④見ているだけで感情が動く（楽しい、気持ちいい、悲しいなど）

特に「④見ているだけで感情が動く」という条件はとても重要で、①〜③の条件を満たしていなくても、④が突出していればコンテンツとして十分に成り立ちます。『HERO』などの人気ドラマは、まさに「④見ているだけで感情が動く」という条件を突出して満たすコンテンツであると言えるでしょう。

コンテンツは昨今、企業のマーケティングにおいて戦略的に活用される場面が増えてきました。いくつか例がありますが、その中でわかりやすいのが不動産会社のコンテンツ活用事例です。

最近、色々な不動産会社が次のようなタイトルの記事コンテンツを作っています。

「埼玉県で子育て支援が手厚い街ランキング・トップ10」

この記事コンテンツは、子どもが産まれて（産まれる予定で）埼玉県内への引っ越しを検討している家族にとって、

①知らない情報＝どこの市町村の支援が手厚いか

②日常の課題を解決する＝引っ越し先の意思決定につながる情報を探すのが手間

③簡単に真似できる＝具体的に検索できるワード（地名）の入手

といった3要素を満たす「コンテンツ」だと言えるでしょう（なお、②の「日常」とは「毎日考えること」とイメージしてください。1カ月以内に引っ越し先を考えなければいけない人は、毎日でも引っ越し先のことを考えます。その期間、「引っ越し先の意思決定につながる情報を探すのが手間」は、その人にとって「日常の課題」になります）。

この記事コンテンツの中で「埼玉県の不動産情報数ナンバーワンの会社です」と自社を紹介すると、どうなるでしょうか？

コンテンツをきっかけに不動産会社の存在を「認知」してもらえるだけでなく、「埼玉県の不動産情報数が充実している会社だ」という「認識」を作り出せるかもしれません。この

ように、マーケットニーズを満たすコンテンツを作り、違和感のないように商品情報を入れ込めば、一気に顧客との関係性を作ることができます。これがコンテンツの魅力です。

『HERO』に話を戻します。

『HERO』はコンテンツです。それも、何百万人もが夢中になって観た良質なコンテンツです。それでは、このコンテンツの中で大活躍する「久利生《くりゅう》（木村拓哉さんの役名）」が着こなすダウンジャケットはどのような認識になるでしょうか。「男をカッコよくするダウンジャケット」という認識が、多くの人の共通認識になることは容易に想像できます。

『HERO』を観ていた人の中には、それまでA BATHING APE®の存在を知らなかった人も少なからずいたはずです。存在を認知していなければ、それがどのようなブランドなのかの認識もなかったはずです。つまり、多くの視聴者にしてみれば、認知と認識が0の状態であり、顧客との関係性が築けていないブランドだったわけです。

しかしながら、『HERO』というコンテンツの中に商品が登場したことで、一気に世界が変わりました。「キムタクが着ているのはA BATHING APE®というブランドのシープスキンダウンジャケット」という認知が広がっただけでなく、「自分もあれを着てカッコよくなりたい」というニーズが生まれ、そこから「あのカッコいいジャケットは○○で売っている」という情報の価値が跳ね上がったのです。

コンテンツを受け取る人は、コンテンツ自体が目的です。コンテンツの中に登場する商品に対する興味は0です。しかし、コンテンツと情報が混ざり合った瞬間、情報の価値は一気に跳ね上がり、興味0の状態からでも大きなニーズを作り出すことができます。だからこそ、コンテンツで結ばれる関係性は価値が高いのです。まさに魔法みたいな方法です。

インスタグラムにおけるコンテンツとは？

インスタグラムでも認知や認識、顧客との関係性を作り出していく上で、コンテンツは重要な役割を果たします。

2022年夏、ユニークなコンテンツで話題となった企業の公式アカウントに「アース製薬（@earthofficialjp）」があります。皆さんもご存じのように、アース製薬は「G」を退治してくれる優れた商品を開発・販売している会社です。

「G」の姿は登場しないものの、床から見上げた部屋の中、お気に入りの場所、時々遭遇する巨大なバケモノ（人間）など、「G」視点で見る「日常」なるコンテンツが定期的に投稿されていて、同社の商品に興味がなくてもつい見入ってしまいます。実際に投稿開始から2カ月後、「G」視点の投稿が抜群におもしろいとTwitterでバズが起き、同社のインスタグラムアカウントのフォロワーが一気に増えたそうです。

「コンテンツ＝見ているだけで感情が動く」という意味では、アース製薬のＩ投稿は『ＨＥ

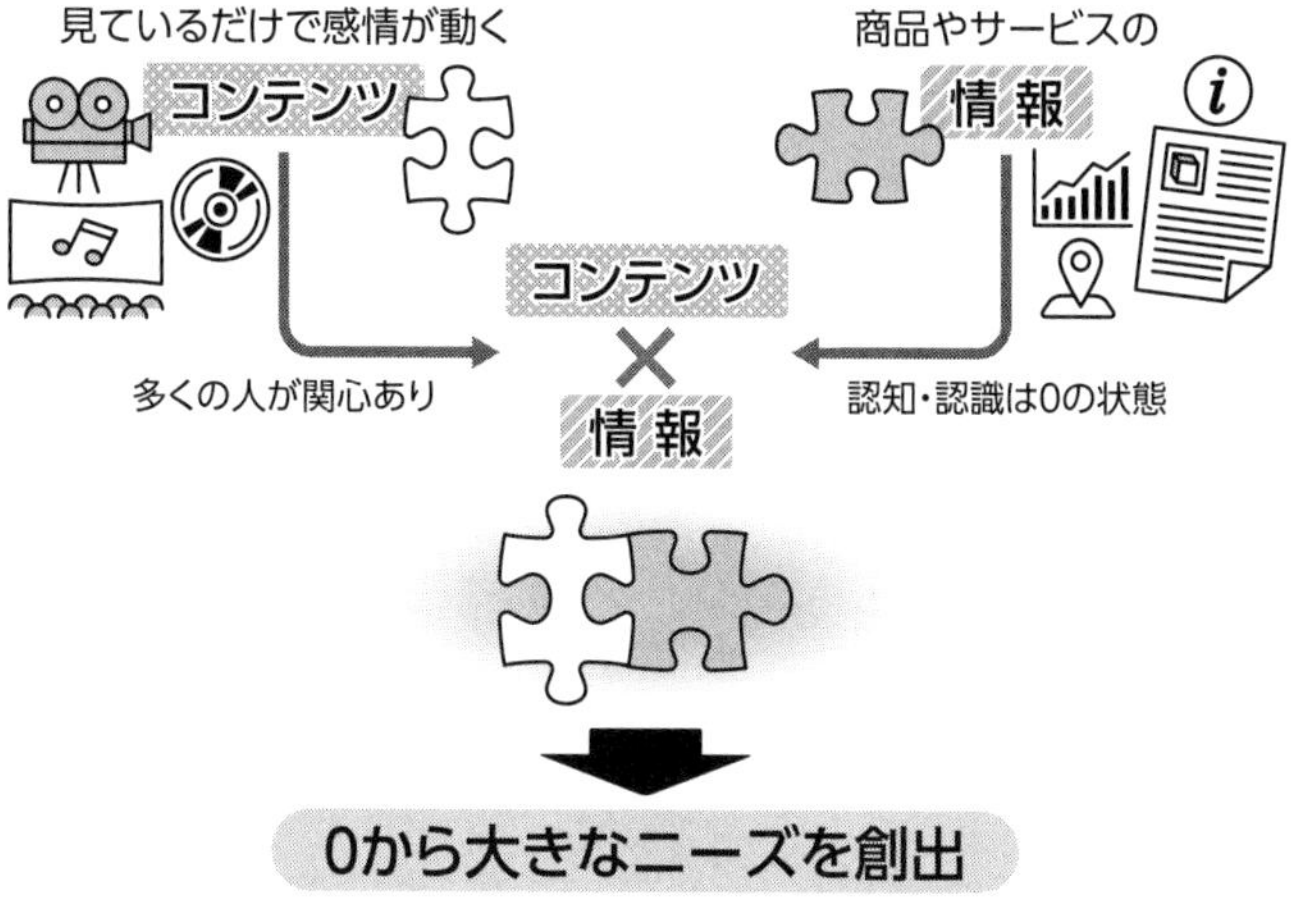

図12 コンテンツと情報を組み合わせる

RO』の1話分と同じであり、実際に多くの人の心を動かしました。このコンテンツの中に商品情報をしのばせることで認知・認識を広げれば、新たな行動＝購買を生み出せるチャンスが得られます（図12）。

優れたコンテンツを作り出すことができれば、認知や認識だけでなく、ニーズを0から作り出すチャンスは完全に自分たちでコントロールできるものになります。そう考えるとちょっとワクワクしませんか？

そしてこれは、本書の冒頭に出てきた「インスタグラムをやったら、どんなメリットがあるの？」という問いに対する1つの答えにもなります。

「『コンテンツ』で人の感情に変化を起こし、『情報』の認知と認識を作ることができる」

もちろん、全ての企業が優れたコンテンツを作れるとは限りませんし、作る必要があるとも思いません。コンテンツでなくとも、認知や認識を作ることは可能だからです。しかし、優れたコンテンツの中に情報が混ざり合った時、それが広告などを上回るほどの魅力的なアプローチ方法となることは、しっかりと認識しておきたいところです。どうでしょう、ちょっとやってみたいと思いませんか？

もちろん、これが売上につながるかどうかはわかりません。しかし、あなたが人々をワクワクさせたいと心から願い、苦しみながらもクリエイティブと付き合っていく覚悟があるのなら、それ（＝売上）はきっと後からついてくる。私はそう信じています。

コンテンツをバズらせたいのなら知っておいてほしいこと

「投稿がバズれば、フォロワーは勝手に増えていく」

インスタグラムに対してこんなイメージを抱いている人は多いと思います。たしかにこれは間違いではありません。「バズる」とは、「短期間のうちにフォローしていない多くの人に投稿が届く」という意味ですが、実際に投稿がバズれば、１週間程度でフォロワー数が数万単位で増えることもあります。

そもそも、インスタグラムは「不特定多数の人たちからたくさんの反応を得た投稿を、フォロワー以外の人にレコメンドしてくれる」という夢のような機能を備えています。これはGoogleにはない機能であり、インスタグラムが重宝される理由の1つでもあります。

「インスタグラムは、投稿すれば勝手にフォロワーが増えていく仕組みがある」。これも正しい情報であり、間違いではありません。しかし、「正しい情報であれば実現可能である」というのは正しくない認識です。実際に調べてみると、投稿がバズり、フォロワー数が増えている企業アカウントは、私たちがイメージするほど多くはないのです。

ここからは、「バズりやすい企業と、バズりにくい企業の違い」について解説していきます（ここではリポストなどで個人の投稿を集めてバズを狙う運用方法ではなく、企業が自社商品に関する情報を発信してバズるという、一般的なパターンを想定してご説明します）。

バズを生み出すために必要な5つの要素

私は、企業がバズを生み出すためには、次の5つの要素を全てクリアする必要があると考えています。

1. 独自の情報ソースを持っている
2. 新しい独自の情報を継続的に生み出せる
3. インスタグラムと相性の良いマーケットである

4．個人アカウントには出せないコンテンツを出せる
5．圧倒的におもしろいコンテンツを作れる
もちろん、この5要素を満たせば必ずバズるということはありません。しかしながら、この要素を満たせない企業はバズる可能性がほぼ0である、というふうに捉えてください。

1．独自の情報ソースを持っている

「独自」というのは「その企業しか知らない」ということです。

例えば、「○○カフェの秋の新作商品」は、○○カフェだけが知っている情報です。このような独自の情報ソースはほぼ全ての企業が持っており、ここでつまずく企業はないと思います。

2．新しい独自の情報を継続的に生み出せる

インスタグラムは「続けてこそ意味があるメディア」です。良質な投稿を続けることで顧客とのコミュニケーションの数が増え、フォロワーとのつながり、共感と関係性が強化されていくからです。したがって、1回だけでなく継続的に独自の情報を出し続けることが大切になります。

独自の情報ソースを持っていても、それを次々と生み出し、継続的に発信できる企業とな

ると、その数はぐっと減ります。顧客への影響力を高めていくためには、少なくとも週2、3回は投稿を行いたいところです。

とはいえ、ただ情報を発信すればいいわけではありません。できる限り「フォロワーが知らない新しい情報」を発信する必要があります。これはなかなかハードルの高い条件です。逆に言うと、これができている企業は圧倒的に数字が伸びていきます。この条件をクリアできる企業は、インスタグラムをやらない理由はないと言えるでしょう。

3.インスタグラムと相性の良いマーケットである

インスタグラムと相性の良いマーケットとは、衣食住のように「毎日考えている人が多い事柄であるかどうか」で決まります。

・今日の晩御飯の献立は何にしようかな
・テンションの上がる買い物がしたい
・楽に痩せてキレイになりたい
・おいしいものが食べたい
・カッコよくなりたい、かわいくなりたい
・部屋をキレイに、おしゃれにしたい

これらは比較的多くの人が日常的に考えている事柄であり、それだけに情報をリーチできる総数が多くなります。ニッチな商品・サービスを提供していても、人間の基本的な欲求に当てはまるようなものなら、インスタグラムとの相性は良いと考えられます。

先のような事柄について、解決案や新しいアイデアを継続的に提供できる企業は数字が伸びやすくなります。

4.個人アカウントには出せないコンテンツを出せる

独自の情報を持っていながら、「キレイになるためのモーニングルーティン」といったありきたりなコンテンツを発信している企業があります。しかし、個人アカウントの二番煎じのようなコンテンツはおもしろいものにならず、共感を生み出すこともできません。

同じ情報でも、個人が発信するコンテンツには多分に「主観」が含まれています。人の生々しい感情を含んだ「主観」は共感が生まれやすく、共感が生まれるコンテンツは大きな価値を持つようになります。

一方、企業のコンテンツは「何かを売りつけようとしているのでは？」といった疑念を抱かれやすい、という特徴があります。こうした疑念があるところでバズが起きることはほとんどありません。個人と企業では、前提条件が異なるわけです。

もし、バズを生み出すためにインフルエンサーのコンテンツを真似しようとするメンバーがいたら、肩を叩いてやめさせましょう。その方法ではバズを生むことは難しいですし、万が一、バズを生んだとしても売上に影響する可能性は低いからです。

それよりも「自分たちにしかできないことは何か？」を考え、社内にあるリソースを存分に活用しながら、オリジナリティの高いコンテンツを生み出すことに注力しましょう。

5．圧倒的におもしろいコンテンツを作れる

前述したアース製薬のように、圧倒的なおもしろさが人の感情にハマれば、話題が話題を呼び、バズが生まれる可能性があります。しかし、難易度が高く、再現性も低いので、余程良いアイデアを思いつかない限り、おすすめはしない方法です。

以上が、バズを生み出すために必要な5つの要素です。

企業にとってバズを生み出すことが短期的なメリットをもたらすことは間違いないでしょう。しかし、バズりやすい企業とバズりにくい企業には明確な違いがあります。前述した5つの要素を十分に理解して、自分たちの考えているアイデアやコンテンツはバズりやすいのか、そうではないのかを客観的に評価していきましょう。そうすることで、バズを生み出すアイデアにたどり着く道筋を見つけられるはずです。

ちなみに、私個人としては「バズを狙うための運用」はあまり推奨していません。短期的な数字を追うことと同様に、手段が目的化して本質的に大事なことを見落としてしまう可能性が上がりますし、何より、バズなんてものは狙って生み出せるものではないからです。

最近はむしろ「バズらないほうが良い」と考える企業やブランドも増えているようです。

バズを経験したある企業の方は、「瞬間的で爆発的な興味関心の上昇は、時にチームの意思決定の質を低下させることもある」と語っています。

こうした点も踏まえながら、インスタグラム運用の本質を見失わないようにチームで議論し、継続的なつながりを生み出せるコンテンツ施策を考えていきましょう。

2.口コミ施策

パーパスがあれば「価値観」を発信でき、「価値観」を発信すれば「共感者」とつながれる

「インスタグラムのフォロワーに向けた宣言」。それがパーパスです。


どんな情報を発信しているのか？

フォローするとどんな良いことがあるのか？

それらを端的に表したものと言えます。

例えば、「柴犬専門ペットショップ」のアカウント・パーパスを次のように設定します。

「かわいい柴犬の笑顔で日本中に癒やしを届ける。」

これを見た人は「かわいい柴犬を見て癒やされる」というメリットを想起してアカウントを訪れ、投稿を見てメリットを実感すれば、フォロワーになるはずです。また、アカウントが醸し出すポジティブな価値観に共感し、口コミの発信者になってくれるかもしれません。

パーパスがあると価値観を発信しやすくなります。価値観とは「ある物事に対する個人的な視点・主張」です。例えば、「柴犬と暮らすことは幸せである」という価値観は、「柴犬と暮らすこと（＝ある物事）」「幸せである（＝個人的な視点・主張）」と分解が可能です。

「個人的な視点・主張」は、発信者の社会的地位や認知度が高いほど拡散されやすく、そのぶん賛否両論も起きやすくなります。そのため、従来は企業が「個人的な視点・主張」を唱えることは良しとされない風潮があり、現在でも炎上を恐れる企業はこれを避ける傾向にあります。

しかし、リスクはあるにせよ、賛成も批判も新しい「つながり」であることに変わりはありません。「はじめに」で記したように、インスタグラムにおける企業と顧客のコミュニケーションは、現実世界における人間同士のコミュニケーションとよく似ているため、顧客とのつながり方次第で批判を共感に変えられる可能性も0ではないのです。

その意味でも、ＳＮＳにおける価値観の発信は、新たなつながり、新たな共感者との出会いを作り出す原動力となります。

ギフティング対象者を「数字」でしか見ない企業は失敗する

企業の「個人的な視点・主張」に対する共感者は、ビジネスにおいて重要な存在です。共感によるつながりが強まれば、やがてファンになり、高い確率で良質な口コミを生み出してくれる存在になるからです。共感を作ることは、インスタグラム運用でも重要です。特に口コミ施策において、共感は大きなメリットをもたらしてくれます。

インスタグラム運用における口コミ施策には様々なアプローチがありますが、その一つに「ギフティング」があります。インフルエンサーさんに無料で商品を提供し、口コミ投稿を行ってもらう施策で、短期間のうちに口コミを広げるための代表的手法として多くの企業が実践しています。

「影響力の高いインフルエンサーさんを見つけ、無料で商品を提供し、そのメリットをＳＮＳで投稿してもらう」

言葉にすると簡単そうで即効性の高い施策のように感じます。しかし、この理解には大きな落とし穴が潜んでいます。

ひたすら売上獲得に邁進《まいしん》する企業は、「数字を持っているインフルエンサーに依頼すれば万事ＯＫ」といった認識でギフティング施策を進めがちです。しかしながら、ギフティング対象のインフルエンサーさんを単なる「数字」と捉えている企業は、往々にして後で痛い目を見ることになります。

無料で商品をあげる代わりに投稿してもらうというギブ＆テイクを前提としたギフティングには、残念ながら「愛（≒共感）」が伴いません。そこにあるのは無機質な「交換条件」だけです。交換条件を介した関係には深刻なデメリットが３つあります。

・信用性の高くない口コミ投稿になってしまう可能性
　魅力を感じない商品なのに「無料でもらえたから、とりあえず良さげな口コミを投稿しておこう」というバイアスがかかり、それがフォロワーに伝わる可能性がある。

・影響力の高いインフルエンサーさんへの交渉が困難になる
　金銭的な報酬を伴う案件を受けるレベルのインフルエンサーさんにとって「無料でもらえる（だけ）」は価値になりづらい。そこに共感があれば、話は変わってくる。

・インフルエンサーさんにブランドへの理解を深めるためのコストをかけてもらえない
　無料で商品を提供する代わりに、ＳＮＳにアップしてもらうことが交換条件になるため、それ以上のお願いごとを求めるのが難しい。

そもそも、共感とは相手と同じような気持ちになることです。共感が生まれない中で中身の薄い投稿をしても、「商品に対する理解が足りない」「愛着や熱量が感じられない」とフォロワーに確実にバレてしまいます。

ＳＮＳの口コミにおいて、認知度やフォロワー数といった「投稿者の影響力」はとても重要です。しかし、それ以上にＳＮＳの口コミでは「投稿者の熱量」「投稿者のブランドへの理解」が重要になります。ギフティング対象者を数字でしか見ないやり方は、この点に対する考慮が欠けてしまいます。

共感をベースに「あなたがいい」を伝えることから始めよう

当たり前ですが、インフルエンサーさんにしてみれば、相手にとっての「手段」として自分が扱われることは、決して気持ちの良いことではありません。交換条件による関係は、この面をインフルエンサーさん側に強く感じさせてしまう可能性があります。

では、どうすればいいのか？

ポイントは「共感」です。

もし、あなたが誰かとつながりたいと願うのであれば、「共感」をベースにしたつながり

条件交換

私達は××というブランドを販売するA社です。
この度、△△さんに弊社の商品を無料でご提供し、アカウントで広く発信していただきたくご連絡しました。
諸条件を確認いただき、ご興味があればご連絡いただけましたら幸いです。

共感交換

私達は○○というブランドを販売するB社です。
普段から△△さんが発信されている内容にとても共感しておりました。
私達も△△さんと同じように「◎◎が大事」という価値観を持って日々商品を開発しております。
よろしければ一度、△△さんに弊社の商品をお試しいただきたいと思っております!

図13　条件交換と共感交換

を作ってください。商品を提供して口コミを生んでもらうかどうかはその次の話です。一見、遠回りに見えるこの方法が、実は良質な口コミを生み出すための近道になります。

インフルエンサーさんには、「条件交換」ではなく「共感交換」を行う。これがギフティングにおける基本的な考え方です。

共感交換を意識したギフティングは、最初にインフルエンサーさんへの共感を示すことから始めます。実際に「条件交換」と「共感交換」のコミュニケーションでギフティングを依頼する場面を比べてみましょう(図13)。

いかがでしょうか? 表現が違うだけと思うかもしれませんが、それでも言葉の受け取り方が全く変わってくるはずです。

なお、当然ながら「思ってもいないこと」を口にするのは言語道断です。そのようないい加減な気持ちは必ず相手にバレてしまいます。表面的なコミュニケーションに陥らないためにも、思考と行動の軸となるパーパスが必要なのです。

また、パーパスがあると価値観を軸に判断できるため、どのようなインフルエンサーさんが共感しやすく、依頼するにふさわしいかの解像度も上がり、施策の効果が高まっていきます。

顧客視点でパーパスを設計し、アカウントの価値観・スタイルを確立すると、「共感交換」がしやすくなります。その結果、「自分たちが理想としない口コミがインスタグラム上にたくさん上がってしまい、お金と手間をかけたのに好ましくないイメージ訴求になってしまった」というような、誰も幸せにならない最悪の口コミ施策を避けることができます。

さらに、「条件交換」では得られない次のようなメリットを手にすることすら可能になるのです。

・影響力の高いインフルエンサーさんとつながれる
・インフルエンサーさんにブランドの魅力を知るためのコストをかけてもらえる
・信用性の高い口コミ投稿が生まれる

商品に対する深い理解に基づき、愛着や熱量が感じられる中身の濃い投稿が行われるようになり、それを見て共感し、口コミしてくれる人も増えていく、というわけです。

パーパス、コンセプト、価値観、スタイルを築き上げていけば、自然と共感を軸としたコミュニケーションが取れるようになります。また、共感の輪が広がっていけば、口コミ施策のアイデアも広がり、個々の投稿も充実したものにすることができます。頑張って意識してみましょう。

3.キャンペーン施策

なぜ、キャンペーン企画が必要なのか?

私が取締役を務めるエンファム.では1年間で100を超えるインスタグラムのキャンペーン企画を手掛けていますが、お客様から「そもそも、なぜインスタグラム運用でキャンペーン企画が必要なの?」と質問されることがよくあります。

答えは簡単です。「フォロワーにフォローメリットを提供し続け、新たなフォロワーを増やすため」。これがインスタグラムにおいてキャンペーン企画を行う理由です。

少し遠いところから、この理由を解説していきます。

ビジネスを拡大するためには「数」が大切になります。多くの人に情報を届けることができれば、モノが売れるチャンスが増えるからです。インスタグラムにおける数とは「フォロワー」です。フォローされれば、様々な情報を無料で繰り返し届けることができます。顧客との関係性がものを言う時代において、これほどありがたい話はありません。

しかしながら、ここには落とし穴があります。それは「フォロワーが多くても情報が届かないことがある」ということです。

【A社のアカウント】

フォロワー数：1349人

1投稿あたりの平均「いいね」数：339　平均コメント数：28

【B社のアカウント】

フォロワー数：9万2000人

1投稿あたりの平均「いいね」数：81　平均コメント数：0・1

両社を比べれば、どちらが影響力の高いアカウントであるかは明らかです。このようなことが実際起こりうるのがインスタグラムです。フォロワー数を稼ぐことが目的であれば、B社のアカウントでも価値があるでしょう。しかし、商品やサービスの口コミを増やして売上を上げることが目的であれば、A社のほうがアカウントの価値は高くなります。

もちろんベストなのは、高いエンゲージメントを保ちつつ、フォロワーが増え続けることです。では、そのようなアカウントにするためにはどうすればいいのでしょうか？

答えは「フォロワーに価値を提供し続け、フォロワーが新たなフォロワーを連れてくるような仕組みを作る」ことです。

通常の投稿が「日常」だとすれば、キャンペーン企画は「お祭り」のようなものです。「なんかおもしろいことをやっているみたいだから、行ってみようか」と言いながら、人だかりのほうへ引き寄せられた経験は、誰しも一度はあると思います。それと同様に、フォロワーと一緒に盛り上がることで情報が広がり、フォロワー外の人が「なんかおもしろそう」と引き寄せられてくる。そんな現象を、インスタグラムのキャンペーン企画で再現することができます。

また、インスタグラムには「既存フォロワーと志向や好みが似ているフォロワー外の人に向けてコンテンツをレコメンドしてくれる」という便利なアルゴリズムがあります。キャンペーン企画（＝お祭り）の参加者が増えるほど、その情報がフォロワー外の人に届く可能性が高まっていく仕掛けが組み込まれているのです。これを利用しない手はありません。

キャンペーン企画の設計は「伝えたいこと」×「企画の力」で考える

ただ、どれだけキャンペーン企画（＝お祭り）が盛り上がっても、商品に興味を持ってもらえなければ、本末転倒になってしまいます。商品に興味を持ってもらい、販売につなげていくためには、練り込まれたキャンペーン企画を設計し、商品への興味を誘発することが重要になります。

キャンペーン企画を行う企業は、大前提として「伝えたいこと」を持っています。新商品の発売、インスタグラムの新アカウント開設、発売10周年記念など、企業は「伝えたいこと」を理想の顧客に伝えることで、直接的・間接的に売上につながるきっかけを作りたいと考えています。しかしながら、多くの企業は「伝えたいこと」を上手に伝えられていません。膨大な情報が飛び交い、その中から受け手が情報を自由に選択できる現代において、一企業の「伝えたいこと」にわざわざ足を止めて耳を傾ける人などいないからです。

そんな時は、「シーソー」をイメージしながらキャンペーン企画を考えてみましょう。公園にある、あのシーソーです。

キャンペーン企画もシーソーのように「テコの原理」で考えてみると、成功確度を上げることができます。

「伝えたいこと」をシーソーの片側に置き、上から反対側に落とす「企画の力（＝企画力）」で「伝えたいこと」を遠くへ飛ばす。これが私の考えるキャンペーン企画のイメージです。シーソーに落ちる企画力が強い（＝多くの参加者を集められる企画）ほど、「伝えたいこと」を遠くに飛ばせるようになり拡散される、つまり、フォロワー以外にも「伝えたいこと」が届く可能性が高くなります。

もちろん、これはただの概念で、そのままでは役に立ちません。ただ、概念を理解すると仕組み化できます。仕組み化できると企画の質が上がり、失敗の回避につながります。

「伝えたいこと」を決めよう

まずはシーソーの片側に置く「伝えたいこと」を決めます。ここからは、化粧品メーカーのマーケティング担当者になったつもりで考えていきましょう。

同社では新商品として「オールインワンジェル化粧品」を販売することになりました。化粧水、乳液、美容液の機能を集約した利便性の高さが売りです。販売計画も全て整い、新発売の発表と同時にインスタグラムでキャンペーン企画を行うことも決まりました。それでは、どんなキャンペーン企画にすればいいのか、一緒に考えていきましょう。

まず、今回発売するオールインワンジェル化粧品は「伝えたいことが多すぎる」という問題に直面しています。会社としても期待値の高い新商品だけに、マーケティング会議では次のような形で「伝えたいこと」が数多くリストアップされました。

【リストアップされた「伝えたいこと」】
・「超ズボラジェル」という名称の商品が新発売されたこと
・5月から発売を開始する新商品であること

・自社ECで先行販売を行うこと
・順次全国の薬局で販売していくこと
・大容量でミリリットルあたりの金額は他社より安いこと
・高価で質の高い「プレミアム」、安価でコスパの良い「レギュラー」という2つのタイプがあること
・子育てママさんなど、毎日忙しく働く女性にこそ使ってほしいこと
・「超ズボラジェル」のインスタアカウントを新しく立ち上げたこと

こうやって並べてみると、どれも重要なことのように思えてきます。しかしながら、インスタグラムのキャンペーン企画では「伝えたいことは1つに絞る」のが鉄則です。「伝えたいこと」が多くなるほど、「誰にも刺さらない情報」になってしまうからです。1コンテンツに情報を詰め込みすぎると、「伝えたいこと」が互いを打ち消し合い、文字も小さくなって情報の優先順位もわからなくなり、結果として記憶に残らない可能性を高めてしまいます。

インスタグラムのタイムラインにおいてユーザーが1つのコンテンツに目を通す時間は、わずか0・3〜0・5秒程度と言われています。一瞬で勝負が決まることを踏まえれば、「伝えたいこと」は1つに絞り込むことが大切なのです。

伝えたいことを1つに絞る理由は他にもあります。それは、「情報発信の頻度を高める」

ためです。インスタグラムにおいて、投稿の頻度はとても重要です。「伝えたいこと」がたくさんある場合は、小出しにして情報発信の機会を増やすようにしましょう。

また、「伝えたいこと」には必ず優先順位があるはずです。そのため、優先順位が高いものはキャンペーン企画で発信し、それ以外は通常のフィード投稿やストーリーズで発信というように使い分けることも効果的です。

これらの点を検討した結果、今回のキャンペーン企画では『超ズボラジェル』という名称の商品を多くの人に知ってもらうこと」を最も高い優先順位として設定しました。利便性を訴求するため、意識的にユニークな商品名としたことに加え、「何はともあれ、商品名の認知が重要」という役員の一言が決定打になりました。

これで、まずはシーソーの片側に乗せるものが決まりました。

拡散される企画を作るための3要素

次に考えるのは、シーソーの反対側に落とす「企画」です。企画の力が強ければ強いほど、「伝えたいこと」は遠くに飛んでいきます。

企画力を高める要素は次の3つです。これらの要素を満たしたキャンペーン企画は多くの人に届き、拡散されやすくなります。

1．参加しやすさ
2．特典の魅力
3．話題性
どれも重要であり、家具のネジを締めるように一つずつを丁寧に設計していきましょう。

1．参加しやすさ

当然、参加者の数が多くなるほどキャンペーン企画がフォロワー外の人に届く可能性は高くなります。そのため、参加条件は企画の質を左右するポイントとなります。

基本的に、面倒さと参加者数は反比例します。特に「少しだけ興味がある」ライト層は、アクションが多くなるほど心理的なハードルを感じ、簡単に離脱していきます。
・ハイライトからフォームに飛んで個人情報を入力
・コメントで一言
これらを比べると、後者のほうが参加しやすいのは一目瞭然です。

参加方法を考える際は、常に「面倒になっていないか」と問い続け、できる限り手軽に参加できる方法を考えていきましょう。

2．特典の魅力

これは「何がもらえるか？」ということです。顧客（フォロワー）から見て、次の要素を満たしていれば、特典は魅力的なものに映ります。

・もらえる確率が高い
・ほしかったものがもらえる
・豪華なものがもらえる
・すぐに結果がわかる（もらえるか、もらえないか）

ただし、特典の魅力は「モノだけがほしい人」という特定のマーケットを刺激するスパイスとして働いてしまうこともあります。自社の理想とする顧客像がそのような層と明確に乖離してしまう場合は、注意が必要でしょう。

3. 話題性

これは、「自分が話をしたい（意見をしたい）事柄であるかどうか」ということです。次の要素が揃えば、「話題性がある」という定義に当てはまるでしょう。

・過去に考えたことがある
・誰かに伝えたい（誰かと話したい）と思ったことがある
・話すだけでテンションが上がる事柄である

普遍的に話題性があるテーマとしては、「季節性のあるイベント」があります。

初詣、ひなまつり、卒業式、入学式、お花見、花火大会、クリスマスといった季節のイベントは、時期が近づくと人々の関心度合いが高くなります。そのため、季節性のあるイベントと自社商品を上手に絡ませたキャンペーン企画が展開できれば、多くの新しい出会いにつながります。

「超ズボラジェル」のキャンペーン企画

「伝えたいこと」と「企画力の3要素」を踏まえて考えた「超ズボラジェル」のキャンペーン企画が図14Aです。図14Bは、伝えたいことを詰め込みすぎた悪い例になります。

まずはAの例の「見た目」について説明します。今回のキャンペーン企画で伝えたいことは、『超ズボラジェル』という名称の商品が新発売された」という事実です。「超ズボラ」という名称を多くの人の視界に入れ、記憶してもらいたい。そのため、タイトルに「超ズボラ」を入れて強調しています。

なお、このキャンペーン企画を始める数日前に「超ズボラジェル新発売！」という投稿を行うため、「新発売」という訴求はサブタイトル扱いとして優先順位を少し下げ、ここでは「今回キャンペーンを実施するに至った理由」という位置づけにしています。

次に「参加しやすさ」の設計です。私は、理想的なキャンペーン企画とは「ファンとの共

A：良い例

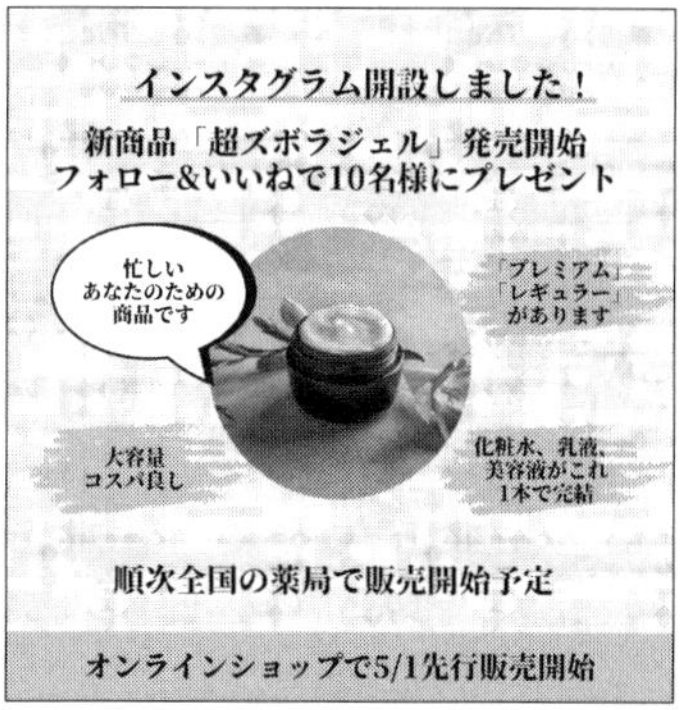

B：悪い例
（伝えたいことが多すぎる）

図14 「超ズボラジェル」のキャンペーン企画例

同プロジェクト」だと考えているため、ファンが二次創作的に参加できる企画を第一に検討するようにしています。

ファンが創作に関わる方法は、「コメント」「ストーリーシェア」「ハッシュタグ投稿」があり、今回は「コメント」を選択しました。「コメント」は参加ハードルが低く、まだ商品が多くの人の手元に届いていない場合のキャンペーンとしておすすめの方法です。

「特典の魅力」については、利便性の高い「オールインワンジェル化粧品」がもらえるという点が「ほしかったものがもらえる」に当てはまり、「1年分を10名様」として強調することで豪華さを演出しています。

最後は「話題性」です。ここでは、「ズボラ」というテーマは話題性としてマーケットニーズが高いという仮説を立てました。その理由として、インスタグラム上で検索してみると、「ズボラ」を冠したアカウント名のほか、美容、料理、掃除、収納などたくさんの「ズボラ自慢」投稿が出てくるからです。

今は誰もが自己表現の場（ＳＮＳ）を持ち、自分の「意味」を表現しています。そこでは以前ならネガティブに受け取られていた「ズボラ」「手抜き」といった言葉も、１つの個性を表現するものとして多用されています。「私のことをズボラだと思ってほしい」「ズボラだっていいじゃない」という人が増えている事実がある中で、「一番のズボラを決めるキャンペーン企画」は話題性を作るテーマとして悪くないと考えました。

また、インフルエンサーさんにとってアカウント名に入れるワードはとても重要です。「私をこう思ってほしい！」という思いを伝えるための看板になるからです。さらに、「ズボラ」を冠したアカウントをフォローする人たちも、「自分もズボラだから情報を参考にしたい」というニーズを持つ人たちだと考えられます。こうしたことから、「自分はズボラで、それを人に伝える（話題にする）機会があれば関わりたい」というニーズは総じて高く、キャンペーン企画の拡散が期待できる、という仮説を立てたわけです。

もちろん、このような仮説は外れることもありますが、「型」として仮説を携えておくことで、当初の狙いから大きく外れてしまう確率を下げることにつながります。

キャンペーン企画は「ファンとの共同プロジェクト」

インスタグラムのキャンペーン企画を検討する際、一直線に「フォロワーを増やすために豪華プレゼントを用意して『いいね&フォロー』キャンペーンをしよう」と考える人がいます。こうした人たちは、キャンペーン企画を「企業→新規顧客」という一方向の発信で完結するものだと誤解しています。

私は、フォロワーを増やすためだけに行うキャンペーン企画はあまりおすすめしません。その理由は次の通りです。

・既存フォロワーにフォローメリットを生まない可能性がある
・プレゼントだけがフォローメリットになる可能性がある
・何度キャンペーン企画を実施しても売上につながらない可能性がある
・伝えたいことが何一つ伝わらない可能性がある
・キャンペーン以外の投稿が見向きもされなくなる可能性がある
・フォロワーが増えても情報が届かず、影響力のないアカウントになる可能性がある

前述のように、私はキャンペーン企画の理想は「ファンとの共同プロジェクト」だと考えています。これは「キャンペーン企画はファンのために行うべきである」という意味でもあ

ります。

「新規のお客様との出会い」がキャンペーンの目的になること自体は問題ありません。しかし、ベクトルを間違えてはいけません。大切なのは、「企業↑↓フォロワー↓新規顧客」というベクトルで考えることです。

フォロワーとの新しいつながりを築き、共感に基づいた共創を通じて一緒にキャンペーン企画（＝お祭り）を盛り上げていく。それにより、企業やブランドのクリエイティブ、さらには企業やブランドの価値を高め、口コミを喚起し、新規顧客とのつながりを生み出す。これがキャンペーン企画の最大のメリットであり、醍醐味だと私は考えています。

キャンペーンを企画する際も、短期的な数字の追求に踊らされて本質的な目的を見失わないようにしましょう。

4．広告施策

「刈り取り」という言葉を使うのはもうやめよう

インスタグラムアカウントを運用する企業にとって、広告は重要な施策です。しかしながら、「なぜ、広告を行うのか？ どのように広告を行えばいいのか？ 何を広告するのか？」といったそもそも論についてはあまり議論されません。なぜなら、多くの企業は「広告＝短期的な売上の刈り取り」といった限定的な目的で捉えているからです。

たしかにそれは間違いではありません。しかし、広告の目的をもう少し広い視野で捉え直せば、他にも多様な活用法があることがわかります。

一般的に広告は「ニーズのある人に向けて情報をリーチさせ、ニーズを刈り取ることで短期的な数字を作る」という目的で使われます。特にSNSでは近年、過激なビジュアルで商品スペックをアピールし、「買うか買わないか、今決めて！」と迫ってくる広告が増えています。実際、この手の広告がはまり、短期間で売上につながる場合もあるため、そもそも論を考える必要性を感じない人が多いのは致し方ありません。

しかし、5章でもご説明した通り、「広告＝短期的な売上の刈り取り」という考え方は、「今は買わない」を選択した人とのつながりをばっさり切り捨ててしまう危険な考えにもなりかねません。短期的に捉えれば、即断即決を迫るコミュニケーションは少なくない売上をもたらす可能性があるでしょう。ただ、長期的に捉えれば、大きな機会損失になる場合もあると私は考えています。

「今買う／今は買わない」の間には、たくさんの複雑な状況が潜んでいます（図15）。現代の消費者は、購入を検討し始めてから実際に購入するまでの時間が長くなっており、何カ月

今買う!
刈り取り広告の対象
一瞬良いかなと
思ったけど
他の商品も調べたい
給料日だったら
買っても
よかったかな
この先、
購入に至る
可能性あり
「長期的な
つながり」の
対象者
悪くないけど
調べる手間をかける
ほどでもない
ほしいと思ったけど
今は買わなくても
いいかな
良いなと思うけど
買うほどでもない

図15 「今買う人」と「今は買わない人」

も欲求のアップダウンを繰り返し、判断を先延ばしにする場合もあります。

少し視点を変え、短期的な刈り取りだけを目的とした広告の弊害を考えてみましょう。

「とにかく早く結婚したい!」と考えている独身男性Aさんがいるとします。彼は、今週中に必ず結婚相手を見つけたいと思い、街行く人に手当たりしだい声をかけました。

「僕と結婚してください!」。当然、誰も反応してくれません。多くの人が結婚という決断のために必要と考えるステップを全て省略し、いきなり結婚を申し込んでいるわけですから、当たり前と言えば、当たり前の話です。

そこでAさんは、「自分のスペックを前面に出して、もっと強烈な売り文句で結婚を申し込もう」と考えました。

「僕は資産5億円、年収1億円、身長180㎝超のKO大卒です。結婚してください！」

これなら、1000人中1人ぐらいは「いいですよ」と答えてくれる人が現れるかもしれません。Aさんとしては、その場でイエスと答えてくれる人が1人でもいれば費用対効果としてはOKで、反応を示してくれない人のことなど一切気にも留めません。

さて、少々突飛なたとえ話でしたが、実は刈り取り型の広告もこれと同じです。恋愛や結婚は、段階的に相手のことを知り、少しずつ関係を深めていくケースが多いものです。しかしながら、Aさんは真逆のアプローチ。唐突に結婚を申し込み、即断即決を迫るAさんと良好な関係を築いていけそうだ、と思う人はどれくらいいるでしょうか？

まずは連絡先を聞くといったことから始めるだけで、関係を作れる人数は変わってくるかもしれません。また、自分のスペックを並べ立てるよりも、相手の思いに耳を傾け、共感を示す一言から始めれば、少なくない人に好印象を与えられるかもしれません。

ビジネスは恋愛や結婚と違って、なるべく多くの人と関係を作ることが重要になります。Aさんなら、たった1人の結婚相手と出会えればOKかもしれませんが、ビジネスはそうはいきません。企業広告でAさんのようなコミュニケーションを行ってばかりいると、長期的に見て大きな機会損失につながる危険性があることは明白でしょう。

広告は、お金を払うことで人目につきやすい場所に自社の情報を配置できる仕組みです。ルールさえ守れば、広告の内容は企業側が自由に決められるため、多少刺激的な内容にすることもできるでしょう。

ただ、これだけは覚えておいてください。多くの場合、広告は企業（の商品やサービス）と顧客が最初に出合う場所であり、これから続く関係性が始まる場所になるということを。

短期的な売上の刈り取りが目的なら、Ａさんのようなスタンスの広告でも構わないでしょう。しかし、「今は買わない人」とも長期的なつながりを作ることが目的なら、相手を刈り取り対象とみなすだけの広告は避けることをおすすめします。相手を刈り取り対象とみなし、顧客になりうる可能性を持つ人との関係をばっさり切り捨てることは、長期的に捉えれば、大きな機会損失となってしまうからです。

私は「刈り取り」という言葉は好きではありません。私たちが運用するアカウントの先にいるのは、モノや機械ではなく、私たちと同じように感情を持った人間だからです。

「刈り取り」という言葉を使うのは、もうやめにしませんか？

言葉は思想になり、思想は行動へとつながります。少しずつ、変えられるところから変えていきましょう。

パーパス・ベースド・インスタグラムで考える広告施策のポイントは広告のためのクリエイティブをしないこと

パーパス・ベースド・インスタグラムで設計したアカウントを運営している場合、インスタグラムの広告施策のポイントは非常にシンプルになります。

1．投稿したものを多くの人に届けるために広告をかける

2．広告のためだけにクリエイティブを作らない

パーパス・ベースド・インスタグラムで設計したアカウントは、基本的に顧客と長期的な関係を築くための構成になっています。そのため、フォロワーに対して発信した情報やコンテンツで反応が良かったものを、より遠く、より多くの人に届けるために広告を使うだけでいいのです。

【広告運用のステップ】

STEP1　フォロワーに情報やコンテンツを発信する

STEP2　数字を分析して反応が良いものを選定する

STEP3　反応が良かった投稿を広告で「広く告げる」

このステップで運用すれば、別の場所で広告を見た時は意思決定しなかった人も「この投稿はちょっと気になったから、これからも情報がほしいな」という感情になる可能性を作れます。また、アカウントからの投稿に広告をかければ、投稿を見た人がアカウントのプロフィールに遷移できるようになり、すぐ買わない人にもフォロー関係を作るきっかけを生み出

すことができます（通常投稿と同じような条件で、広告はタイムラインや発見タブに表示されます）。

逆に、広告を刈り取り手段としか考えない企業は、「Facebookアカウントからインスタグラムに広告をかける、といったことをしています。この場合、広告を見た人は企業のインスタグラムアカウントをフォローすることができません。これでは、物理的に企業のアカウントと顧客のアカウントのつながりを作ることができず、機会損失になってしまいます。ややテクニカルな話ですが、非常にもったいないことです。

また、インスタグラムのアカウントから配信していても、関係性を作る機会を自ら放棄しているような企業もあります。こうした企業はアカウントを広告配信のツールとしか考えず、アカウントの存在を軽視し、アカウントでは広告以外の投稿をしていないというケースも見受けられます。

このような状態になるのも、全ては「広告はコスパよく刈り取れさえすればいい」という態度が原因です。パーパス・ベースド・インスタグラムで設計したアカウントでは、このようなことはまず起こりません。

広告配信された投稿に指を止め、プロフィールに遷移した後で顧客が目にするのは、一貫性のある価値観やスタイルを持ったフィードです。

「今は買わないけど、このアカウント、なんか良い感じだからつながっておこう」

そのように感じた人は、自然な流れでフォローボタンを押すはずです。

短期的な利益だけを追い求めず、つながりを大切にしていくことができれば、広告は長期的に見て大きな利益をもたらしてくれる。私はそう信じています。

07

うまくいかない企業のインスタグラムをパーパス・ベースド・インスタグラムで立て直す

この章では、私がいつも行っているスタイルで架空の会社「化粧品メーカーA」のインスタグラムを立て直していく過程を一部共有できたらと思います。

化粧品メーカーA・運用担当者との対話

化粧品メーカーAは、10~20代の女性を主たるターゲットとし、低価格帯の「プチプラコスメ」を開発・販売しており、新年度のスタートに合わせてインスタグラムの運用を開始しました。しかし、半年経ってもフォロワーがなかなか増えません。

1年間で1万人フォロワー獲得を目標とし、1日1投稿を続けてきたものの、フォロワーは500人前後で停滞しています。運用チームも試行錯誤してきましたが、目に見える変化はなく、とうとう打つ手がなくなり悩んでいました。

「なぜ、フォロワーが増えないのか？」

チーム内で100回は繰り返してきた問いの答えは、いまだに見つかっていません。

いかがでしょうか。実はこうした状況にある企業は少なくありません。なぜうまくいかないかの理由がわからなければ、適切な解決策もわからないままでしょう。

化粧品メーカーAは「フォロワーが増えない」という課題を抱えています。ただ、一般的にフォロワーが増えない原因は意外と単純です。

・フォロワー外の人に情報が届いていない
・情報が届いた人にフォローしたいと思われていない
・既存フォロワーから良好な反応が得られていない

もう少しインスタグラムに寄せた言い方をすれば、

・発見タブに載っていない
・ハッシュタグ流入が少ない
・コンテンツに統一性がない
・エンゲージメント率が低い
・プロフィールでフォローメリットを伝えられていない
・フィードでスタイルが作れていない

という説明になります。これらは一般的に考えられる原因の一部です。化粧品メーカーAがどのポイントでつまずいているのかを知るためには、もう少し具体的に見ていく必要があります。

ここからは、私が行う実際のコンサルティングを想定したストーリーで化粧品メーカーAの課題を探っていきます。

【化粧品メーカーA・運用担当者との打ち合わせ】

私は化粧品メーカーAの運用担当者に対して、フォロワーが増えない原因を一通り説明しました。しかしながら、担当者は困惑したような表情でこのように言いました。

「今おっしゃったことは、一応知識としては知っています。それらを踏まえて、私たちなりに改善もしてきました。それでもうまくいかないのです」

私は実際のアカウントを見せてもらいました。

プロフィールには、どのような情報を発信するアカウントなのかが箇条書きでわかりやすく記されています。フィードのデザインもしっかりと揃えられており、統一性もあります。狙いたいマーケットに向けたハッシュタグも付けられています。

次に、発信しているコンテンツを見ました。コンテンツの大半は「美容に関するお役立ち情報」で、その内容はごく一般的なものばかり。お世辞にも多くの人が「読みたい！」と思う情報にはなっていませんでした。

「コンテンツは誰が作成していますか？」

そう聞くと、担当者は申し訳なさそうに言いました。

「美容ライターさんにお願いしています。ただ、薬機法の観点から会社に厳しく言われていて、どうしても内容に制限があるのです」

私は続けて聞きました。

「商品情報が一切出ていないようですが、商品については発信しないのですか？」

運用担当者は少し考えてから、こう答えました。

「フォロワーが1万人に届くまでは、自社の商品情報は発信せずに運用しようと考えています。企業の思惑が見え隠れしては逆効果なので、まずは一般的な美容に関する情報を発信して、見込み客に1人でも多くリーチできるようにしたいからです」

私はそれを聞いて、間をおかずに質問しました。

「御社のインスタグラム運用の目的を教えてもらえますか？」

「えっ、目的ですか？　売上を上げるためです」

他に何があるのかといった表情で担当者は答えました。

私はここまで聞いて、この運用チームがいくつもの間違いを犯していることに気がつきました。最初にボタンを掛け違えただけでなく、その後もボタンを掛け違えることで取り返しのつかない事態に陥ってしまっていたのです。

担当者は「フォロワーが増えない」ことがアカウントの課題だとし、アカウントの目的は「売上」だと答えました。また、フォロワーが増えない原因について検討を行い、対策を講じているとも答えています。しかし、私からすれば、そもそもの考え方、戦略、施策内容、全てが間違っていると言えます。

化粧品メーカーAのアカウントは何が良くなかったのか?

化粧品メーカーAの例は特別なものではありません。このようなボタンの掛け違いが起こっている企業のアカウントは実際にたくさんあります。

今回の失敗の原因を一言で表せば、「目的から施策までの逆算がまるでできていない」ということです。順を追って見ていきましょう。

彼らは「売上を作る」ことが目的であるにもかかわらず、フォロワー数を追いかけていました。ここが最初のボタンの掛け違いです。

フォロワー数が増えれば、必然的に売上も増えていく。そう考えている人は多いと思いますが、実際はそれほど単純ではありません。もちろん、フォロワーが増えればチャンスは多くなります。しかし、チャンスをどのように生かすかの具体的なアイデアがなければ、売上はどうやっても変わらないのです。むしろ、私の経験から言えば、フォロワー数よりも「口コミ数」のほうが売上との相関が強いことがわかっています。

また、彼らは「フォロワーが1万人を超え、大多数にリーチできるようになったら商品情報を発信する」と話していました。実はこれもボタンの掛け違いです。

例えば、アカウントで「キレイになるためのノウハウ」を発信し、1万人フォロワーを達

成したとします。それまで発信していたのは、
・お白湯《さゆ》を飲めばキレイになれる
・洗顔は顔を擦《こす》らずにしよう
・肌に良い食べ物10選
といった内容です。

大前提として、「お役立ち情報発信メディア」が商品を売り出すのは、人気インスタグラマーが商品を売り出すのとはわけが違います。化粧品メーカーAはこの違いを理解できていません。端的に言えば、「ニーズ」の違いです。

人気インスタグラマーの場合、フォロワーは「その人の全てに対する興味」でつながっているため、その延長線上で「その人」がおすすめする商品にも興味を抱く可能性が高くなります（もちろん、例外はあります）。

一方、「情報への興味」でつながった人は、あくまでも情報に対して価値を見いだしているわけですから、そもそも「情報を発信する人（この場合は企業）」に興味はありません。そのため、1万人のフォロワーを獲得したとしても、そのフォロワーは「美容に役立つ有益な情報が手に入る」という点にメリットを感じてアカウントをフォローしているわけですから、「情報を発信する人」が商品を販売しても反応が生まれない可能性が高いのです。

もちろん、販売する商品がオンリーワンの特徴や圧倒的コスパを実現していれば、フォロ

ワーの反応を得られる可能性はありますが、そのレベルの商品が作れたなら、広告を活用したほうが短期的に売上を作れる可能性は高く、「売上を作る」という目標達成のために1万人フォロワーを獲得してから情報を発信するのは効率が悪すぎます。

1万人フォロワーのアカウントで発信する投稿の平均リーチが、仮に5000人だとしましょう（余程のアカウントでない限り、化粧品メーカーのアカウントの投稿でフォロワー全員にリーチすることは難しいです）。すると、1万人獲得したアカウントで商品情報を発信しても、届くのは5000人。商品情報の投稿が月4回なら2万人のリーチ、しかも半分は同じ人のリーチです。

SNS広告なら1リーチ1円での運用は十分に可能です。つまり、月5万円の広告をかければ、1万人のアカウントで4回発信するよりも多くの人に商品情報をリーチすることができます。しかも、広告は自在にターゲティングを変えることができます。一方、化粧品メーカーAのように、1万人フォロワー獲得までに1年という時間がかかると仮定した場合、そこに至るまでのコストも加味しないといけません。

いかがでしょうか。「売上を作る」という目的の達成から考えると、どちらが効率的なのかは一目瞭然です。

また、「美容に関する情報を発信してフォロワーを増やす」という戦略もボタンの掛け違いです。インスタグラムのメディアはパーパスを起点とした「コンセプト」「価値観」「スタイル」をベースにオリジナリティを作れるかが鍵となります。それらを総合して作られた世界観に共感する人とのつながりこそが、お金では買うことのできない価値になるからです。

　しかしながら、企業アカウントが個人に共感してもらう方法と、個人アカウントが個人に共感してもらう方法は大きく異なります。化粧品メーカーAはこの点を理解せず、美容インフルエンサーさんが発信する内容に近づけてコンテンツを発信しようとしていたことが誤りだったわけです。

　個人アカウントの場合、自分の自己紹介をプロフィールに書き、寝る前にリビングで行うナイトルーティンをアップするだけで共感を作ることができます。また、「このコスメ、薄づきが好きな私にとってめっちゃ良かった」と、自分の「個人的な視点・主張」を発信するだけで、同じ価値観を持つ人の「共感」を簡単に作ることができます。このように、インスタグラムでは個人アカウントのほうが比較的数字が伸びやすいようになっているのです。

　とはいえ、企業ならではの強みを発揮できる方法もあります。それは、「企業が独自に持つリソースを使う」という方法です。例えば、「NASA（@nasa）」は人工衛星などで撮影した写真を使って宇宙の魅力や壮大さを発信しています。これは独自のリソースを持つNASAだからこそ発信できるコンテンツです。

　化粧品メーカーAのアカウントは、個人でも発信できるレベルの情報を「個人的な視点・主張」の欠けた状態で発信していました。そこには企業としての独自のリソースや人格（個性）もなければ、インスタグラムで何が求められているかの理解もありません。

目的の達成に向けて選択すべき戦術も間違っていれば、コンテンツの作り方も間違っている。これではうまくいかないのは当然です。

「そもそも、なんでインスタグラムをやるのか？」を考える

インスタグラム運用において「売上を作る」が最終目的であるのはどの企業も同じでしょう。ただ、スタート時点で大切なのは、「売上を作るために必要となる『インスタグラムでしかできないこと』は何だろうか？」について考え抜くことです。

状況によっては、インスタグラムではなく広告を打ったほうが短期的に売上に影響する場合も少なくありません。インスタグラム運用をやるのなら、「そもそも、自分たちはなぜ広告ではなく、インスタグラムを選択するのか？」という大目的について検討し、チーム全体で納得する答えを導き出すことが重要になります。

ただ、0から考えるのは難しいと思いますので、私なりに「なんで企業はインスタグラムをやるのか？」における回答を3つ示しておこうと思います。なお、この質問に対する答えはマーケットや商品特性によって異なりますので、その点はご留意ください。

「なんで企業はインスタグラムをやるのか？」における鄭の回答
1.「価値観」と「スタイル」を軸に新規顧客を集客するため
2.「何」が「誰」にとっての価値であるかを表現するため
3. 理想とする「価値」を伝えてくれる口コミを生み出すため

1.「価値観」と「スタイル」を軸に新規顧客を集客するため

インスタグラムの利用者は、「自分の価値観やスタイルと合ったモノ・コトとの出合い」を求めています。

「このアカウント、なんとなく私に合っているかも」

多くの人がハッシュタグや好きなアカウントをたどり、言語化しづらい感覚知を頼りに新しいつながりを作っていきます。

また、彼ら彼女らは「インスタトレンド」を目印にしながら、自分のスタイルに合った新しい価値観との出合いを探しています。つまり、インスタトレンドを捉えた「価値観」や「スタイル」を作っていくことができれば、人々のスマホにあなたの商品・サービスをレコメンドさせることができるというわけです。

なお、どのような価値観の発信がより多くの共感者を呼び込むかは、トレンド、マーケット、対象となる商品・サービス、クリエイティブの内容など、いくつかの要素の掛け合わせによって決まります。

従来、多くの企業はアカウント運用において「あえて価値観を示さず、どの人にも万遍《まんべん》なく受け入れられそうな、無難で八方美人的な情報発信」を意識していました。しかし、これからの時代は、価値観を含まない情報は新鮮さやおもしろみに欠けるものと捉えられ、印象の薄い情報としてスルーされてしまうようになります。

「メイクはナチュラルなほうが良い」といったように、企業やブランドとしての価値観を明確に発信すると、うまくいけば多くの共感者を呼び込み、新規顧客の集客につながる確率は高まっていきます。

一方、インスタグラムにおける「スタイル」は、アカウントのホーム画面に示される「フィード」で表現されます。それまで企業が発信してきた商品写真やコンテンツが一覧できるフィードは、広告で商品を知った人、口コミを見た人、公式の発信を見た人が最初に訪れる場所です。それは「企業やブランドに対する第一印象を決定づける」場所であり、「なんか好きかも」が生まれるかどうかが決まる場所でもあります。

ファッションや音楽と同様に、フィードにおけるスタイルにもトレンドがあります。現在進行形で人々が求めているスタイルに合致させることができれば、多くの人に出会えるチャンスが生まれます。また、フィードを通じて一貫性の伴ったスタイルを発信すれば、ブランドに対する信頼感も獲得できます。

ただし、フィードにおけるスタイルは一朝一夕には作れません。コンテンツのトーン&マナーを定め、計画通りに作っていけばスタイルを構築できそうな気もしますが、それができるのはすでに顧客と深いつながりを持ち、顧客が好むスタイルを100%言語化できているブランドだけです。そこにまで至っていないブランドは、トライ&エラーを重ねながら地道にスタイルを作り込んでいく必要があります。

スタイルを作る上で大切なのは、「運営チーム全体で『理想のフィード』の共通認識を持つこと」です。

パーパス、価値観、スタイル、アカウントの人格などを踏まえて、「こんな感じのフィードが私たちのブランドの理想だよね」ということを話し合い、運営チーム全体でビジョンについて合意・共有しておく必要があります。

理想のイメージが明確であればあるほど、「これは投稿すべきでない」というこだわりのある批判や判断ができるようになり、スタイルに合わないビジュアルやデザインを排除できるようになります。

2.「何」が「誰」にとっての価値であるかを表現するため

今の時代、巷《ちまた》には安くて良い商品があふれ返り、スペックで違いを出すことが難しくなっています。そのような時代にあって、価値観やスタイルは他社との明確な差別化を図る上で重要なポイントになっています。

　わかりやすい例がコスメブランドのアカウントです。化粧品はスペックで差別化できる要素が少ない分野であり、多くのアカウントはフィードで価値観やスタイルを表現し、差別化を図ろうとしています。

　あるブランドは「アイドル顔になるためのコスメ」と言い切り、アイドルっぽいモデルをフィードに登場させ、「アイドル顔はかわいい」という価値観を発信しています。そうかと思えば、「力強く生きていくためのコスメ」という表現を行い、多様性を訴えるブランドもあります。このブランドは様々な人種の方をフィードに登場させたり、女性の社会進出に向けての価値観を発信したりしています。そして、自分たちの商品のどの部分が、自分たちの価値観に共感する人々の琴線にふれるのかについてうまく表現しています。このように、機能以外で自分たちの商品の「何」が「誰」にとっての価値であるかを明確に示すことができるのもインスタグラムの魅力です。

　また、「変わり続けるブランド価値、人々の価値観などに合わせて、表現を積み上げていくことができる」という点もインスタグラムの魅力です。新しい技術の普及やトレンドの変化によって、今までみんなが使っていた商品を誰も使わなくなるということも珍しくありません。この事実は、「価値」とは固定されたものではなく、競合や環境の変化によって流動的に変わるものであることを私たちに教えてくれています。

インスタグラムはホームページのように表現が固定されることはありません。時代とともにブランドに求められる表現を日々更新し、発信することで、その時々にふさわしい価値をリアルタイムに反映させていくことができるのです。これもまた、広告にはない利点と言えるでしょう。

3.理想とする「価値」を伝えてくれる口コミを生み出すため

現代のビジネスシーンにおいて「口コミ」の影響力は無視できないものになっています。口コミは、広告で意識的に作ることはできません。口コミ施策は、インスタグラム運用だからこそできる施策だと言えるでしょう。

一般的に、インスタグラムで口コミが生まれるまでのステップは次のようになります。

①商品を認知してもらう
②商品に興味を持ってもらう
③商品を実際に購入してもらう
④商品に満足してもらう
⑤商品情報を人に伝えたいと思ってもらう
⑥商品情報をアカウントで発信してもらう

しかしながら、実際はこれだけではまだ足りません。企業がほしいのは「ただの口コミ」

ではなく、多くの人にリーチして新しいニーズを喚起する「良質な口コミ」だからです。良質な口コミを生み出すとなると、さらに⑥の後にも必要なステップが増えます。

⑦アカウントが公開アカウントである

⑧商品価値を魅力的に伝えるクリエイティブである

⑨投稿が多くの人にリーチする

⑩リーチした人が商品に価値を感じる顧客層である

このように書き出すと、良質な口コミを生み出すためのハードルは高そうに感じますが、やるべきことをしっかりとやり切れば、口コミは意識的に増やすことができます。

多くの企業は様々なマーケティング分析を通じて、「自分たちの商品はこのような人にニーズがあるはずだ」という仮説を立て、広告などのプロモーションを行います。これらはステップでいうと、①〜③をクリアするための手段とも言えますが、最もお金がかかる方法であり、そのために代替方法としてインスタグラムを使おうと考える企業も多いはずです。

ただし、ここで一つの矛盾が生じ、堂々巡りを繰り返している企業が多いと思います。それは、①〜③のステップを乗り越えるために口コミがほしいのに、このステップを超えないと口コミを生み出せない、という矛盾です。

そんな時に役に立つのが前述した「ギフティング」です。ギフティングとはインフルエンサーさんなど「口コミをしてほしい理想の顧客」に商品を無料提供し、情報発信してもらうことで口コミを生み出す方法です。

現在、インスタグラムでは口コミを狙った商品紹介が数多く投稿されており、口コミ投稿を見るフォロワーの目も肥えてきています。そのため、影響力のあるインフルエンサーさんの口コミ投稿でも、商品に対する共感や深い理解、熱量や愛着が感じられない投稿はフォロワーから一瞬で見抜かれてしまい、狙った効果をもたらしてくれません。

また、うまく設計しないと、ギフティングは時にマイナスな効果を生む場合もあります。私も以前、ある企業から「ギフティングから発生した口コミが、私たちが作ろうとしていたブランドの理想とはかけ離れてしまった。どうにかこの流れを止められないか」といった相談を受けたことがあります。

口コミ投稿はネット上にアーカイブとして残り続けるため、理想とかけ離れた口コミはできるだけ少なくしたいものです。そのためにも、口コミ施策の開始前〜開始後にかけて、

・ブランドとして体現したい口コミになっているか？
・商品の価値を伝えてくれる口コミになっているか？

の確認を丁寧かつ継続的に行う必要があります。

何より、ブランドの理想に合致した良質な口コミを生み出したければ、まずはインフルエンサーさんなどの発信者と「共感交換」を行い、企業や商品に対する共感や深い理解、熱量や愛着を感じてもらうことが大切になります。

そしてこの理想とするインフルエンサーさんとコンタクトを取る時に、普段の行い（フィード）でしっかりと共感される価値観を発信しているかどうかが鍵を握るのです。

昨今、「自分の価値観やコンセプトと合わない商品は投稿しない」というインフルエンサーさんは増えています。特にフォロワー数の多いインフルエンサーさんほど、その傾向は顕著です。だからこそ、普段から「誰にとって、どんな価値があるのか」を、一貫性を持って発信し、つながりたいインフルエンサーさんに好まれる世界観を作れているかどうかが鍵を握るのです。普段から価値観を発信せず、口コミがほしい時だけ聞き心地のよい言葉を並べ立てるアカウントは、自分たちが理想とするインフルエンサーさんとのつながりを作ることが難しくなっていくでしょう。

反対に、共感される価値観の発信を積み上げることで、インフルエンサーさんの共感を得ることができれば、良質な口コミを生み出すハードルは大きく下がります。これができることもインスタグラム運用の大きな魅力の一つだと言えるでしょう。

インフルエンサーさんに「この商品の良さを伝えたい！」という思いを抱いてもらうことができれば、結果として良質な口コミが生まれ、①～③のステップを乗り越えることができるのです。

パーパス・ベースド・インスタグラムで化粧品メーカーAの戦略を立て直す

あらためて化粧品メーカーAのインスタグラムの目的は、次の3つであると定義します。

①「価値観」と「スタイル」を軸に新規顧客を集客する
②「何」が「誰」にとっての価値であるかを表現する
③理想とする「価値」を伝えてくれる口コミを生み出す

ここからは話を戻し、「パーパス・ベースド・インスタグラム」の要素を取り入れながらアカウントの立て直しを図っていきます。

今一度、化粧品メーカーAの状況を整理します。

化粧品メーカーAは10〜20代の女性をターゲットとした「プチプラコスメ」を開発・販売し、新年度のスタートに合わせてインスタグラムの運用を開始しました。

1年後に1万人フォロワー獲得を目標とし、まずはアカウントで「美容に関するお役立ち情報」を発信し、1万人フォロワー獲得後に商品情報を発信するという目論見《もくろみ》でした。しかし、発信していたのは価値観もスタイルも感じられない平凡な情報ばかりで、フォロワー数が伸び悩んでいます。

アカウント・パーパスを考える前に、まずはブランド価値を言語化する必要があります。

ブランド価値とは、「ブランドが顧客に提供する喜びの総量」と定義します。

化粧品メーカーAのブランドが選ばれている理由を調査してみると、「大人っぽいメイクができる」というブランド価値のヒントが見つかりました。ブランド価値は最終的に『誰』にとって『何が』価値になるか」まで落とし込む必要があります。

そもそも、化粧品メーカーAは「大人っぽいメイク」をブランドテーマとしていました。そこで、こうしたニーズを持つのは、少し背伸びしたおしゃれを楽しみたい学生や社会人になりたて、もしくは社会人経験が浅い女性であると仮定し、今回は「少し背伸びしたおしゃれを楽しみたい学生や社会人になりたての人」にとって「大人っぽい顔になれること」がブランド価値であると定義しました。

このブランド価値をアカウント・パーパスに落とし込んでいきます。アカウントをフォローするメリットとして、やはり「大人っぽい」というワードがわかりやすいため、その点をキーワードとして議論を進めた結果、「メイクで大人っぽくなれば、今よりも素敵な女性になれる」という価値観を発信することができ、アカウント・パーパスを「かわいいを卒業して、大人っぽい自分と出会えるきっかけを作る」と定めることに決まりました。

ただし、化粧品メーカーAのフォロワーは現時点でわずか500人程度。これでは価値観を発信しても効果が期待できません。「コンテンツ」に価値観を混ぜ合わせる必要がありそうです。

コンテンツとは、「見ているだけで気持ちが動かされるストーリー」であり、「商品に興味がなくても、ついつい見ちゃう」というものです。企業と情報の受け手との関係性が0の状態でも、コンテンツと情報を混ぜ合わせることで新たな認知・認識を生み出し、情報に価値を持たせることができます。うまくいけば、新たなフォロワーとの出会いにつながる可能性もあります。

今回はリール動画でコンテンツを作ります。具体的には、次のステップを60秒でまとめることで1つのコンテンツにするイメージです。

・「大人っぽい」に憧れる10代、20代の一般女性が登場
・化粧品メーカーAの商品でメイクアップ
・ビフォーアフターで違いを比較
・音楽や演出効果を入れ、「アフター」にフィーチャーして大人っぽさを肯定

この内容であれば、起用するクリエイターや登場人物を変えることで継続的にコンテンツを作り続けることができます。登場してもらう一般女性は、公式アカウントのフォロワー、ハッシュタグや「いいね」をしてくれた人から募集します。

また、クリエイターには動画を納品してもらい、企業側で投稿用素材として編集するだけでなく、編集後の動画をクリエイターの発信用動画としてお返しすることで、クリエイターのコンテンツとしても二次利用してもらいます。

公式アカウントで発信する情報の設計と並行して、口コミ施策を意識した「価値観」の設計も考えていきます。共感者を増やしていくために「メイクで大人っぽくなれば、今よりも素敵な女性になれる」という価値観を発信し、このブランドは「誰にとって、どんな価値があるのか」を様々なアイデアで多角的に表現していく必要があります。

価値観の発信で大事なことは、「誰にも伝わらないポエム」にしないことです。多くの共感者が得られているアカウントなら、「私たちはこのような考えである」と伝えるだけで反応が生まれますが、顧客との関係性が0のアカウントは、コンテンツに価値観を組み込むことが必要です。

次に「スタイル」を作っていきます。化粧品メーカーAのブランドテーマは「大人っぽいメイク」であり、「大人っぽくなりたい人がほしいと思うブランド」を目指しています。

そのため、フィードでは「フォロワーや顧客が理想とする（であろう）大人っぽさ」を表現しなければならず、当然、商品画像だけではそれが伝わりません（レッドブルのように、商品が誰のためのものなのかの共通認識が広く浸透している場合は、商品情報だけで伝わります）。

いくつかの方法がありますが、今回は「フォロワーや顧客が理想とする（であろう）人」、つまり、化粧品メーカーAの商品を使って実際に「かわいいを卒業できた女性」に登場してもらいます。こちらも公式アカウントのフォロワー、ハッシュタグや「いいね」をしてくれた人から募集します。

化粧品の場合、女優さんやトップモデルなど、理想中の理想の女性に依頼できれば確実に表現力は上がりますが、当然コストもかかります。こうしたコストをかけられない場合は、口コミ投稿のリポストを活用しながらうまく表現します。ちなみに、限られた予算内で最もコスパの良い方法を見いだすことは、インスタグラム運営において必要不可欠な創意工夫です。ここまでお話ししてきた内容をまとめます。

ブランド価値
「少し背伸びしたおしゃれを楽しみたい学生や社会人になりたての人にとって、大人っぽい顔になれること」
価値観
「メイクで大人っぽくなれば、今よりも素敵な女性になれる」
アカウント・パーパス
「かわいいを卒業して、大人っぽい自分と出会えるきっかけを作る」
スタイル
フォロワーや顧客が理想とする（であろう）人＝「化粧品メーカーＡの商品を使って実際にかわいいを卒業できた女性」が登場（公式アカウントのフォロワー、ハッシュタグや「いいね」をしてくれた人から募集）

コンテンツアイデア（60秒のリール動画）
・「大人っぽい」に憧れる10代、20代の一般女性が登場
・化粧品メーカーAの商品でメイクアップ
・ビフォーアフターで違いを比較
・音楽や演出効果を入れ、「アフター」にフィーチャーして大人っぽさを肯定
（起用したクリエイターに編集後の動画を返却し、クリエイターの発信用コンテンツとして二次利用を促す）


以上がパーパス・ベースド・インスタグラムで再設計した化粧品メーカーAの戦略です。

簡単に始められ、機能もシンプルなだけに、インスタグラムの戦略は「だいたい、こんな感じでやれば大丈夫だろう」と大雑把《おおざっぱ》に考えがちですが、それがゆえに化粧品メーカーAのようなボタンの掛け違いが起こりやすくなります。

一つひとつ丁寧に考えながら、パーパスを起点として価値観やスタイルを設計し、押さえるべき点をきちんと押さえていけば、必ず自分たちのブランドに合った戦略・施策が見つかるはずです。

08

企業事例で考えるパーパス・ベースド・インスタグラム

本章では、パーパス・ベースド・インスタグラムの「現場感」を追体験していただくために、私たちエンファム．がご支援した企業の「パーパス設計~アカウント運用」ストーリーをご紹介します。あなたの運用チームの活動を頭の隅に置きながら読み進めていただくと、パーパス・ベースド・インスタグラムのイメージがよりリアルに感じられるはずです。

CASE1 西部ガス株式会社(@saibugas)

九州北部を中心にエネルギーとくらしの総合サービス企業として、人々の暮らしを支えている西部ガス様は従来、サービスごとに個別のインスタグラムアカウントを運用されていましたが、2021年、新たに企業ブランディングを目的とした「西部ガス公式アカウント」を立ち上げることになりました。その際、インスタグラムを活用したブランド戦略に関するご相談を受けたことをきっかけに、西部ガス様とエンファム．の共同プロジェクトが始まりました。

ガスは、私たちの日常にとって欠かせないものです。しかし、ガスを通して得られる豊かな暮らしの価値は認識されづらいという一面もあります。そのため、西部ガス様では、「ガスの良さ」を伝えるためのブランディング強化が課題となっていました。

どうすれば、西部ガスというブランドに好感を抱いてもらえるのか?——それは西部ガス様が長らく考え続けて、様々なアプローチを通じて答えを追い求めてきた問いでした。

さらに、機器の設置や保守をはじめとするサービスは、ご自宅を訪問してお客様とコミュニケーションを取るというスタイルが特徴です。西部ガス様も地域密着のきめ細かなサービスを提供していましたが、生活スタイルの変化とともに、特に若年層のお客様との接点が持ちづらくなっていたそうです。

こうした背景から、ブランディングの焦点を「20〜30代を中心とした若年層とのコミュニケーション」に定め、プロジェクトの目的を「20〜30代になじみの深いインスタグラムを活用して、西部ガスのブランド価値を伝えていく」と設定しました。

パーパス設計の前に「ブランド価値」を言語化する

アカウント・パーパスはインスタグラム戦略・施策の羅針盤となり、判断の拠り所となるものです。その設計は「ブランド価値を言語化する」ことから始まります。ブランド価値はお客様に選ばれ続ける理由であり、パーパスの核となるものです。

ブランド価値を言語化するために必要なのは、「お客様の認識」を正しく理解すること。お客様が企業に抱いている認識と、企業がお客様に抱いてほしい認識がずれてしまうと、ブランド価値は正しく言語化できません。そうなるとパーパスにもずれが生じ、価値観やスタイル、戦略・施策もチグハグになり、どれだけメッセージを発信してもお客様に響かなくなってしまいます。

お客様は「西部ガス」についてどのように認識し、どのような価値を感じているのか？　まずはそれを正しく理解するためのリサーチから始めました。社員の皆さん自身も西部ガスの一顧客という立場だったため、社員にも協力してもらいながら西部ガス様のチームメンバーがヒアリングを行い、お客様の認識を抽出していきました。

しかしながら、リサーチは苦戦し、結局、当初から仮説として持っていた「地域密着で親しみがある」という情報以外見つけることができませんでした。それでも、このリサーチには意味がありました。「わからないことがわかる」というのも、リサーチの目的だからです。

お客様の認識確認に続いて、「西部ガスのブランド価値」についてメンバー自身が考えを深めていくワークショップを行いました。

「私たちはサービスを通してどんな価値を提供しているのか？」。そんな問いを立て、キッチンやお風呂などガスの利用場面の写真を見ながら、自分らしい言葉で意見を出し合い、丁寧に議論を進めていきました。

日々の業務の中で、本質的な問いに立ち返る機会はあまりありません。そのため、ブランド価値を言語化する際、メンバーの方々から有意義な意見が出てこないこともあります。しかし、西部ガス様はこの点が他のチームと違いました。本気で西部ガスとしてのブランドを確立したいという思いを抱いていた皆さんは、普段から自分たちが提供するサービスの価値について考え続けていたのです。そのため、オンラインという環境下でありながら、ワークショップでは活発な意見が飛び交いました。

その後、ワークショップを重ねる中でそれぞれが紡ぎ出した言葉や表現を様々な角度から分析し、ブランド価値を定めるためのヒントを2つピックアップしました。

1点目は「ガスの炎には五感に訴える良さがあること」。

2点目は「ガスは、普段は意識しないが人々の暮らしに欠かせないという点で、空気や幸せといったものによく似ている」という点です。

まずは1点目の「ガスの炎には五感に訴える良さがあること」について。

例えば、ガスコンロで料理をする時。「チッチッチ、ボッ」。そんな音とともに青い炎が花開く様は小気味良く、ほんのりとしたあたたかみも感じられます。このような「手触り感が持つ良さ」は、ガスが持つ魅力であり、キャンプの直火で炊いたご飯、電子書籍ではない紙の本などと同様に、効率が求められる時代だからこそ見直される価値であると考えました。

そして、このような「手触り感が持つ良さ」を1つ目のブランド価値としてインスタグラムで発信することができれば、西部ガスのブランド認識を作り上げられると考えたのです。

ブランド価値を考える2点目のヒント、「ガスは、普段は意識しないが人々の暮らしに欠かせないという点で、空気や幸せといったものによく似ている」については、次のように考えました。

ガスは私たちの日常に欠かせないものですが、日々生活する中で、その点を意識することは少なく、価値が認識されづらいという特徴があります。つまり、「人々の暮らしに欠かせないという点で空気や幸せといったものによく似ている」のです。

これに関連し、ワークショップの中でガスにまつわる思い出から価値を考えていった際、「あたたかくて優しいにおい」「おいしいそうな音」「子どもの頃に食べた忘れられない味」「台所に立つ父や母の背中」「にぎやかな食卓」など、様々な言葉や表現が出てきました。

それらもヒントにしながらメンバーと議論を重ね、2つ目のブランド価値として出てきたのが、「何気ない日常の中にある何気ない幸せ」でした。

ブランド価値からアカウント・パーパスを言語化し、「価値観」「スタイル」「コンセプト」を設計する

ワークショップの結果を踏まえ、次の点をガスのブランド価値として定義しました。

「何気ない日常の中にある何気ない幸せ」

ここからはいよいよアカウント・パーパスの言語化です。

アカウント・パーパスは、フォロワーのフォローメリットにつながるものであり、インスタグラムにおいてニーズのあるコンテンツを連続的に生み出すためのコンセプトの種となる

ものです。

私が作った叩き台をもとにチームで検討した結果、次のようなアカウント・パーパスが決まりました。

「暮らしの中にある『当たり前の愛おしさ』を思い出す時間を提供する」

風で揺れるカーテンが気持ちの良い午後、子どもと一緒にお昼寝をする時間。

ゆっくりと時間が流れる昼下がり、ふいに見上げた雲が透き通っていたこと。

リサーチの結果、こうした「暮らしの中にある『当たり前の愛おしさ』」にまつわる写真や動画はインスタグラムにアップされており、高いエンゲージメントを獲得している事実から、今回のパーパスに対してもマーケットニーズは確実にあると判断しました。

もちろん、丁寧に議論を重ねたことでチームメンバー全員が共感できる内容になっており、良質なパーパスの条件も満たしています。

先のパーパスを踏まえ、価値観を「幸せは毎日の変わらない暮らしの中にある」というように言語化しました。インスタグラムは「非日常な幸せ」が注目される傾向にありますが、「幸せは日常（当たり前）の中にこそある」という対極的な価値観を発信することで、多くの共感者とつながれると考えたからです。

スタイルについては、実際は写真や画像を見ながらすり合わせを行ったため、文章で伝えるのは難しいですが、次のようなルールを共通認識として持つこととしました。

・写真は「日常の切り取り」を選定して投稿する
・キャプションは写実によるコピーのみで、感情の描写は行わない
・家族と一緒に過ごしているシーンを意識する
・ちょっとひと手間を加えられたシーンを意識する

次に、コンセプトについての説明です。

インスタグラム運用において、自動車や化粧品会社などは、パーパスを伝えるために自社の商材を使用し、投稿に載せることが一般的です。その一方、ガス会社は自社商材そのものを使ってパーパスを視覚的に発信していくことは難しいという課題がありました。

しかし、今回は「暮らしの中にある『当たり前の愛おしさ』を思い出す時間を提供する」というパーパスを掲げています。多くの人がそれらにまつわる写真や動画をアップし、高いエンゲージメントを獲得している事実から、「西部ガス」のパーパスに共感してくれる人たちを巻き込み、その写真や動画をリポストすることで、コンテンツを継続的に作り出すことができると想定しました。

これらの検討を経て、次のようなアカウントのコンセプトが定まりました。

「暮らしの中にある『当たり前の愛おしさ』をリポストするアカウント」

こうして、プロジェクトの立ち上げから2カ月のうちに、ブランド価値、アカウント・パーパス、価値観、スタイル、コンセプトが定まり、戦略や施策の設計も終わり、いよいよ運

用開始の日を迎えたのです。

運用開始後、数カ月で「パーパス」「価値観」「スタイル」を調整

アカウントの運用は西部ガス様とエンファム．の二人三脚による新たなチームで進めましたが、開始から1カ月も経たない頃、運用チームの中から次のような声があがりました。

「私たちが達成したい方向性と投稿内容の間でずれが生じているかもしれない」

すぐに双方メンバーで集まり、確認したところ、「暮らしの中にある『当たり前の愛おしさ』」に対する認識の違いがあることがわかりました。

・西部ガス様 「隣にいる大切な人、大切なモノに愛情を注いでいるあたたかい暮らし」
・エンファム．「ノスタルジックでなぜか懐かしくなる風景や日常」

スタイルなどのすり合わせは丁寧に進めたものの、より細かい部分で微妙な解釈のずれが生じ、それが投稿などのアウトプットに反映されてしまったのです。話し合いの結果、西部ガス様のイメージを目指すべきという判断になり、すぐに調整を行いました。

チームでパーパスを共有していても、解釈やアウトプットのずれは必ず起こります。大切なのは、少しでも違和感を覚えたらすぐに全員で話し合い、軌道修正を行うことです。今回は早い段階で違和感が表出したことにより、アカウントの世界観や一貫性を損なわないうち

図16　西部ガス公式アカウントのフィード

に軌道修正を図ることができました。このようなコミュニケーションが生まれたのも、パーパスを「本気」で実現しようとするチームの姿勢があったからです。

西部ガス様では、それから1年ほど試行錯誤を重ね、様々な施策を講じたことで、ガス会社としては日本で初めてフォロワー数1万人を達成し、平均エンゲージメント率は驚異の14%超という数字を作ることができました。それに満足することなく、今もなお西部ガス公式アカウントは多くの顧客やフォロワーに寄り添いながら、パーパスの実現に向けて試行錯誤を続けています。

インスタグラムは変わり続けることが大事なメディアです。ただ、変わり続けることは簡単ではありません。時には迷いが生じ、先の見えないトンネルに入ったような気持ちになることもあるでしょう。たとえそうだとしても、「パーパスで掲げた目的を実現したい」と本気で願い、チャレンジし続ければ、必ず実現できる。私はそう信じています。西部ガス様が実践しているように、現状に満足することなく理想を追い求めていきましょう。

CASE2 リンベル株式会社（@ringbell_baby）

次に、「カタログギフト」の企画制作・販売会社でトップシェアの実績を持つリンベル様の事例をご紹介します。

人生の様々なシーンに合わせたギフトにおいて、独自の提案力とともに高い品質や充実した品揃えを強みとしてきたリンベル様は、近年、ＥＣでのカタログギフト販売に注力されており、コロナ禍にあっても着実に販売数を伸ばし続けていました。

そんなリンベル様は「出産内祝い」のカタログギフトでも豊富なギフトを取り扱っていましたが、認知拡大に課題を感じていたそうです。

そこでエンファム．とのご縁がつながり、インスタグラムによるブランディング支援のプロジェクトが始まりました。

0からアカウントを立ち上げ、パーパス・ベースド・インスタグラムで設計

リンベル様はすでに企業公式アカウントを運用されていましたが、今回は「子育てママパパ向け」に特化した新アカウントを立ち上げることにしました。理由は2つあります。

一つは、子育て中のママパパ向けマーケットがリンベル様にとって特に重要だったこと。もう一つは、人生の様々なシーンに合わせたギフトを取り扱うだけに、公式アカウントのフォロワー層が必ずしも子育て世帯ではなかったことです。

そこで、新アカウント「リンベルベビー（@ringbell_baby）」プロジェクトの目的を、「リンベルで出産内祝いなどのカタログギフトを購入することができることを、1人でも多くのママさんパパさんに知ってもらう」と設定しました。

キックオフ段階から運用チームの熱量が高かったことから、リンベルベビーというアカウントを通じて多くのママさんパパさんに価値提供できる存在となれれば、必ず目的は達成できると確信しました。

リンベル様の商品は「ギフト」です。これはリンベルベビーのアカウントになっても変わることはありません。ギフトは自分のために買うものではなく、大切な人に贈るものであり、相手を大切に思う気持ちを価値ある贈り物に乗せて届ける、という行為です。そこから「大切に思う人に贈って喜ばれる（心が伝わる）、価値ある贈り物が見つけられる場所」をブランド価値のヒントとしました。

これを踏まえ、今回は妊娠や出産にまつわる贈り物であることから、「新しい命を迎えることやその健やかな成長を、贈る人・贈られる人が共に祝福し、喜び合う」というテーマで議論しました。

すると、メンバーから「贈る人・贈られる人だけでなく、リンベルベビーのフォロワーになる人たちも祝福や喜びの輪の中に巻き込めるようなアカウントにしたい」という思いが引き出され、さらに議論を重ねた結果、アカウント・パーパスは「日本中の赤ちゃんの生誕と成長に祝福とギフトを。」という表現で設定することになりました。

このパーパスを設定した直後、チームの中で「『#リンベルベビー』で妊娠・出産報告をしてくれた人の中から抽選で毎月10名様に、リンベルベビーからギフトを贈る」というアイデアが生まれました。

つまり、「ギフトを贈る存在としてのリンベルベビーをママさんパパさんに認知してほしいのなら、まずはアカウントを通じてママさんパパさん自身にギフトを贈ることで価値を届けよう（価値を疑似体験してもらおう）」と考えたのです。

パーパスはアイデアの切り口を増やしてくれるだけでなく、アイデアの質を高める効果ももたらします。実際、パーパスをきっかけにして生まれたそのアイデアが、その後、リンベルベビーのアカウント運用の中心をなすキャンペーン企画になったのです。

プロジェクトの目的が明確に定まり、初期段階から本気の議論がなされたことで、メンバー全員が心から共感できるパーパスが決まり、「価値観」「スタイル」「コンセプト」も次のように定まりました。

・アカウント・パーパス
日本中の赤ちゃんの生誕と成長に祝福とギフトを。
・価値観
全ての赤ちゃんの誕生は祝福されるべき
・スタイル
赤ちゃんの笑顔と妊娠・出産に役立つ情報に出合えるワクワク感のあるフィード
・コンセプト
「#リンベルベビー」で報告された妊娠・出産の投稿や、赤ちゃんの成長、妊娠・出産に役立つ投稿をシェアするアカウント

その後、具体的な戦略や施策を設計していく際も、パーパスがアイデアや意思決定の判断軸となり、ブレることなく検討することができました。

図17は2022年6月、新アカウント「リンベルベビー」の記念すべき初投稿であり、これから出会うフォロワーへの「宣言」となっています。

パーパスやコンセプト、フォロワーメリットをわかりやすく表現し、フォロワーと一緒にアカウントを育てていきたいという意思も示すなど、リンベルベビーに確たる人格を持たせながら価値観を伝えました。

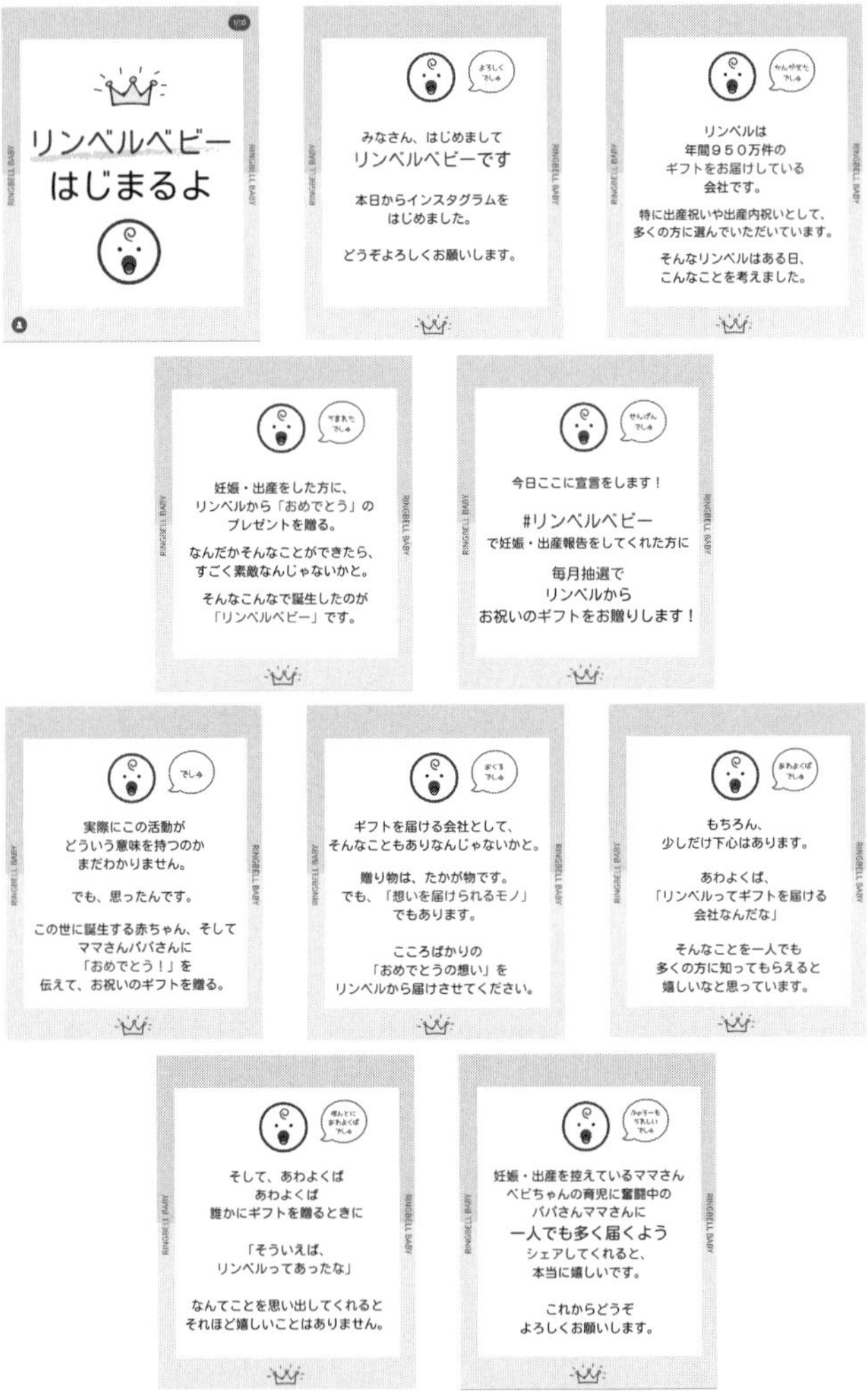

図17 リンベルベビー公式アカウントの初投稿

この投稿を皮切りに、妊娠・出産報告のおめでたい投稿だけでなく、ハイハイやつかまり立ちをする赤ちゃんのリール動画、子育てに役立つ情報など、多彩なコンテンツをシェアすることで、日本全国のママさんパパさんをはじめ、多くの方と関係を作り上げていきました。

その結果、運用開始から半年で早くもフォロワーが1万人を超え、「#リンベルベビー」のハッシュタグ投稿も1万件を超えるまでに成長しました。2023年6月にはフォロワーが2・2万人を超え、今もなお成長を続けています。

これほど短期間のうちに多くのママさんパパさんの共感を集めるアカウントに成長することができたのも、パーパス・ベースド・インスタグラムを実践したからだと考えています。

そして、共感が集まるほど、結果としての数字もついてくるようになったのです。

立ち上げからわずか半年間で1万フォロワーを超える成長を実現した施策の作り方

前述したように、インスタグラムの施策には大きく「コンテンツ」「口コミ」「キャンペーン」「広告」の4つがありますが、リンベルベビーでは次のようなプロセスで施策を検討していきました。

・キャンペーン企画

リンベルベビーのアカウント・パーパス「日本中の赤ちゃんの生誕と成長に祝福とギフトを。」と紐づけて考えた最初の施策が、前述した『#リンベルベビー』で妊娠・出産報告をしてくれた人の中から抽選で毎月10名様にリンベルベビーからギフトを贈る」というキャンペーン企画でした。赤ちゃんが生まれたご家族に「出産内祝い」で活用してほしいギフトを、リンベルが「妊娠・出産祝い」としてご家族に贈る、というものです。

このキャンペーン企画で伝えたいことは、「リンベルベビーは、ギフトを贈るためのサービスを運営している」ということ。キャンペーン企画でこの仕組みを設計することで、リンベルベビーおよびリンベルの認知拡大と認識形成を行っていきました。

・口コミ

口コミ施策は、前述のキャンペーン企画と紐づけて仕組み化しました。

キャンペーン企画のプレゼントをお渡しするのは、毎月10人の当選者です。この方々にお渡しするギフトはリンベルの商品であり、当選者の方々に口コミとして紹介いただければ、大きなメリットになります。

そこで、当選発表の連絡をする際に口コミとしての投稿をお願いすることで、インスタグラム上に商品の口コミ投稿を増やしていきました。

・コンテンツ

コンテンツについては、当初からパーパスにある「生誕」「成長」をそのままコンテンツの切り口にしようと考えていました。

キャンペーン企画は、「#リンベルベビー」で妊娠・出産報告を投稿いただいた方にギフトを贈るという立てつけでしたが、「当選者を選んで終わり」ではなく、ハッシュタグのついた投稿は、投稿者にリポストの許可をいただくことで、リンベルベビーのコンテンツとして活用したいと考えていました。

実際にアカウントの運用が始まると、生まれたばかりの赤ちゃんはもちろん、幸せいっぱいのマタニティフォト、笑顔あふれる親子動画、ユニークな着ぐるみ赤ちゃんの写真など、「生誕」にまつわる投稿がたくさん届きました。これらをリポストすることで、コンテンツの幅を広げていったのです。

ただ、それだけでは切り口に偏りが出ると予測していました。一つひとつは見応えのあるコンテンツでも、同系統のものがフィードに並べば、一本調子になってしまうからです。

そのようなことを意識し、私たちはパーパスの中にあえて「成長」という言葉を加えました。

「出産内祝い」というテーマで考えれば、「日本中の赤ちゃんの生誕に祝福とギフトを。」というパーパスでも全く問題はなく、実際にプロジェクトの初期段階ではこれで決まりかけていました。

ただ、ライフステージという時間軸で顧客との関係性を考えれば、話は変わってきます。祝福や喜び、そして心を伝えるギフトは、妊娠・出産時だけでなく、赤ちゃんが成長していく過程でも関係してくるものです。何より、人生の様々なシーンに合わせたギフトを幅広く取り扱うリンベル様としても、妊娠・出産という「点」でつながったフォロワーとの関係を「線」に育てていくことができれば、大きなメリットが得られます。そこで、長期的な関係性を築いていくために「成長」という言葉を加えることにしたのです。

2章で「マーケットを拡大するためのパーパスは、意識的に設計できる」とご説明しましたが、リンベル様においても「成長」という言葉を加えたことで、アカウントの対象となるマーケットサイズを広げたわけです。

1～3歳児のお茶目でユニークな動画は、赤ちゃんの写真や動画と並んでインスタグラム上ではニーズの高いコンテンツであり、たくさんの「いいね」やフォローを集めます。このように、「成長」という言葉を加えたことで、誕生日や節句、七五三など、赤ちゃんから幼児への成長過程を自然な形でコンテンツに取り込めるようになったことが、アカウントの成長とフォロワーの拡大につながりました。

・広告

6章でご紹介した通り、広告運用のステップは次の3つとなります。

【広告運用のステップ】

STEP1　フォロワーに情報やコンテンツを発信する
STEP2　数字を分析して反応が良いものを選定する
STEP3　反応が良かった投稿を広告で「広く告げる」

考え抜かれた良質なパーパスが設計できれば、広告施策は非常にシンプルになります。キャンペーン投稿やキャンペーン企画、オリジナルで制作したコンテンツを広告として発信するだけでOKだからです。リンベルベビーでも、実施中のキャンペーン投稿や、フォロワーに支持されたオリジナル投稿などを広告の対象としました。広告のための新しいクリエイティブも一切作っていません。

パーパス・ベースド・インスタグラムで設計したアカウントは、顧客と長期的な関係を築くための構成になっており、刈り取りを目的とするアカウントの対極に位置づけられます。したがって、広告においても短期的な売上を目的とする刈り取り広告は作らず、過去に発信した情報やコンテンツで反応が良かったものを、より遠く、より多くの人に届けるために広告を使うだけでいいのです。

ここまで2つの企業事例をご紹介してきましたが、いずれの企業もパーパスを起点とした「価値観」「スタイル」「コンセプト」を軸に戦略・施策を検討したことで、一貫性のあるブランド価値や世界観を表現していくことができました。また、パーパスからコンテンツのマーケットニーズ、アイデアの継続性を先読みすることで、数字を伸ばすアカウントを作り上げることができました。

この2つの企業に共通していたのは、「共感する気持ち、他者を思いやる気持ち、ワクワクを楽しむ気持ち」「お客様に価値を届けたい」という強い思いを有していたこと。これらが根底にあったからこそ、アカウント運用が成功したのだと私は考えています。

これからインスタグラムのアカウントを立ち上げる方も、現在進行形でアカウント運用に取り組まれている方も、ぜひこれらの企業事例を参考にして成功をつかんでください。

09

インスタグラムの
アカウント運用で迷った時に
チームみんなで考えたい
「9の問い」

インスタグラム運用において、「誰も正しいやり方がわからず、今の施策を評価することができない」という状態はとても危険です。こうなると属人的なアカウント運用に陥ってしまい、顧客やフォロワー視点だけでなく、世界観も一貫性もないアカウントになってしまいます。

さらに、うまくいかなくなると「自分たちは全く意味のないことをしているのでは？」という疑念がメンバーの頭を何度もよぎるようになり、チームの士気が下がってしまいます。

そこで、インスタグラムのアカウント運用で迷った時にチームみんなで考えたい「9の問い」をご紹介します。運用中にモヤモヤが生じた時は、ぜひ参考にしてみてください。

Q1 インスタグラム上に「ファン」がいないのに、ファンにしか興味を持たれない発信をしているのではないか？

インスタグラム運用と言うと、多くの人が次のようなステップを思い浮かべるはずです。

STEP1　商品のビジュアルを魅力的に投稿
STEP2　フォロワーが反応して拡散
STEP3　新規フォロワーが増える

熱狂的なファンが公式アカウントをフォローし、アカウントから発信される最新情報を手に入れ、すぐ商品を購入。その魅力を自分のアカウントで拡散し、新規フォロワーを呼び込んでいく――口コミを増やしたい企業にとって、この運用サイクルは理想的な流れでしょう。実際に、スターバックス、無印良品、IKEAなど、多くのファンを獲得している企業は同様のインスタグラム運用で成功していますが、そのような企業はほんの一握りです。

私も多くの企業から「どれくらいの数のファンがいれば、そんな運用ができますか?」といった質問をいただきますが、明確な答えはないというのが私の答えです。一口にファンと言っても、インフルエンサーのような数万フォロワーを有する人、鍵付きアカウントの人など、その中身は様々です。そのため、「何人いればOK」という判断が難しいのです。

ただ、「商品情報を発信して獲得できるフォロワーの限界値」はある程度わかります。

具体的には、次の式で計算すると商品情報を最も魅力的に発信した時の獲得フォロワーの限界値がざっくりとつかめます。


既存客数×インスタグラム利用率×ファン率＝獲得フォロワーの限界値
※既存客数＝今まで一度でもその企業の商品を購入したことのある人
※インスタグラム利用率＝既存客のうち1日1回以上インスタグラムを開く顧客の割合
※ファン率＝企業によって定義された全顧客のうち、ファンとして定義される顧客の割合
（通常5～20％）

「商品情報の発信によって増えるフォロワーはファンだけである」という認識を持って、アカウントを運用することは重要です。多くのファンの支持を得ている企業アカウントでもない限り、自分たちの商品の投稿をフォロワー外のタイムラインに投稿を表示させることは至難の業です。

実際に、フォローしていない企業アカウントの投稿を自分のタイムラインで見たことがある人はほぼいないはずです。新しい商品との出合いは、常に誰かの口コミ投稿によって生まれるものなのです。

もし、商品情報ばかり投稿しても数字が伸びないのなら、そもそもインスタグラム上にファンがいないのかもしれません。まずはファンを増やす施策を講じるなど、運用方法を見直してみてはいかがでしょうか。

Q2 単純に商品情報を発信しているだけで、「ニーズ」を作れていないのではないか？

インスタグラムは、0からニーズを生み出すことが得意なメディアです。とはいえ、商品情報だけを発信していてもニーズは作り出せません。

こうした場合、機能や品質など「商品という『モノ』」の良さに言及した投稿よりも、「商品購入によって実現できる『コト』」について言及した投稿のほうが、ニーズを生み出しやすくなります。その商品が「気になる」「ほしいかも」といった人にとって、購入後の日常がイメージしやすくなるからです。

顧客は、品質や機能ではなく、それらによってもたらされる「価値」に魅力を感じるものです。この価値を考えるために必要なのが、「自分たちの商品は顧客の毎日の生活の中でどのように使われているのか」を深く想像することです。

一口に「商品の情報を投稿する」と言っても、その商品が自分の生活にどのような意味を与えてくれるかをイメージできるか否かで、スマホの向こう側にいる人に与える影響は大きく変わります。

一つのやりやすい表現方法としておすすめなのが、「商品が使われているシーン（Scene）」を表現することです。暮らしの中の一シーンを切り取り、その商品があることで楽しくなる、嬉しくなる、幸せになる、安心する、くつろげる、といった感情が生まれる場面を表現するのです。「この投稿と同じようなシーンを自分でも再現してみたい！」と思ってもらえれば、ニーズを作り出すことができるわけです。

商品の情報を投稿することだけが運用目的になっていないか？

誰に、どんな価値を提供する商品なのか？

「ニーズを作れていないのでは？」と感じたら、自分たちの商品と顧客の日々の生活の接点について深く考えてみることをおすすめします。

Q3 発信する情報がフォロワー以外に届いていないのでは？

新規フォロワーの獲得はインスタグラムを運用する企業にとって重要な目的の1つですが、現実的にはフォロワー以外に情報を届けられているアカウントと、そうでないアカウントが存在します。その差を生み出しているのは、「既存のフォロワーに投稿が支持されているか、いないか」の違いにあります。

基本的に、投稿した情報がフォロワー以外に届くまでの流れを簡単にお伝えすると、次のようになります。

①投稿する
②フォロワーが投稿を「いいね／保存／シェア／コメント」する
③一定数の「いいね／保存／シェア／コメント」が付いた②の投稿を、インスタグラム側が「ニーズのある投稿だ」と認識し、多くの人に自動で届ける（フォロワー外へのレコメンド）

この流れを踏まえて、投稿がフォロワー以外に届かない原因を探ってみると、次のようになります。

・投稿を「いいね／保存／シェア／コメント」するフォロワーの絶対数が少ない

・投稿がフォロワーに「いいね／保存／シェア／コメント」されていない既存のフォロワーに響かないコンテンツを発信しているアカウントは、そもそも新しいフォロワーと出会う機会さえ与えられません。とてもシビアですが、インスタグラムの勝負はシンプルなルールに根ざしており、この考え方は至極真っ当だと思います。

あなたの会社では、新規フォロワーを増やしたいと思うあまり、既存のフォロワーへの価値提供を疎《おろそ》かにしていませんか？

アカウント運用において忘れてはならないのは、まずは既存のフォロワーを大切に考え、彼ら彼女らに支持される投稿を作り続けることです。新規フォロワーが増えないのなら、まずはチーム全員で足元を見つめ直してみてはいかがでしょうか？

Q4 今、必要なのはフォロワーよりもUGCではないか？

フォロワー数の多さは、多くの顧客やファンからの支持の表れです。企業がインスタグラム運用の評価指標として考えるのも当然です。しかし、フォロワー数と売上は必ずしも比例しません。ならば、どの数字が売上に結びつくのか？

私の運用経験から言えば、「UGC（User Generated Content）」が生まれると、ECへの遷移数が増えることがわかってきています。

ＵＧＣとは、企業アカウントではない外部ユーザーのアカウントによって投稿された「商品の口コミ投稿」のことです。

例えば、私たちエンファムは「詰め替えそのまま（@tsumekae_official)」というアカウント運用を支援し、３カ月で「フォロワー数Ⅰ・５万増／単月売上Ⅰ・６倍増」という結果を生み出しています。

「＃詰め替えそのまま」で検索していただくとわかると思いますが、多数のフォロワーを有するアカウントからの口コミ投稿が行われています。実際に口コミ投稿が行われた期間とＥＣの売上期間を照らし合わせたところ、相関があることがわかりました。また、今でこそ「詰め替えそのまま」は3万（２０２３年6月時点）のフォロワーを得ていますが、口コミ投稿そのものはフォロワーがほとんどいない運用開始時から散見されていました。

インスタグラムの世界では、企業アカウントを持たない商品でも、多くのＵＧＣが生まれているケースがあります。フォロワーがいないにもかかわらず、実際にこうした状況が生まれることも、インスタグラムの特徴なのです。

「商品の口コミを増やす」という施策の優先順位が高い場合、「何が何でもフォロワーを増やす」という目標設定が正しくない場合もあります。もしかすると、今必要なのはフォロワーではなく、顧客の口コミ投稿であるＵＧＣなのかもしれません。

運用チームの中で一度、ＵＧＣの必要性と優先順位について話し合ってみるのはいかがでしょうか？

Q5 社員の片手間運用ではそもそも無理なのではないか？

企業のデジタルプロモーションはこれまで広告やメディア発信が中心で、自社でのSNS運用を中心に据えている企業はまだ数が少ないのが現状です。そのため、「マーケ担当の片手間インスタグラム運用」が多くの企業で行われています。

それゆえに「手っ取り早くイイ感じの写真や動画を制作してアップするだけでしょ？」といったように、専門外の人からは「インスタグラムは簡単なマーケティング」と誤解されてしまうことが少なくありません。特にこの傾向は、プロジェクトの決裁権を持つ企業の代表や役員に多いと感じています。

しかし、インスタグラムでビジネスメリットを得ようと思うのなら、「インスタグラムは簡単にできる」という考えは完全な誤解です。

これを、食品会社Aが新商品のウェブサイトを立ち上げる場面で考えてみましょう。

新商品のマーケティング戦略会議で、ニーズ喚起のために「レシピサイト」を立ち上げることが決まりました。目標は1年後に100万PV／月と設定されました。

サイトでは多数のレシピを画像付きで紹介し、立ち上げ後も新しいレシピを継続的に投稿しなければなりません。ところが、会社から与えられた予算は最低限で、実働メンバーは販売促進業務を担当していた社員1人だけ。しかも、上司からは販促業務との兼任でレシピサイトを立ち上げろという指示がありました。

この設定を見て、「余裕でできます」と答えられる人はどれほどいるでしょうか?

レシピサイトを立ち上げ、継続的に運用していくためには、エンジニア、デザイナー、ウェブマーケター、編集者、ライター、カメラマンなど、プロフェッショナルの助けが必要です。それを知っていれば、「片手間ではできない」ということは誰もがわかるはずです。

インスタグラムもこれと同様です。「コンテンツで潜在客を惹きつける」ための重要な戦略でありながら、低予算かつ片手間の運用が横行しています。予算と体制が整えられれば、インスタグラム運用はウェブのオウンドメディアがもたらすビジネスメリットをはるかに凌《しの》ぐ可能性があるにもかかわらず、です。

私が手掛けているアカウントでは、多いものだと総計で月間1000万人以上にリーチしているものもあります。そして、全てのアカウント運用業務は完全分業制で行っています。アカウントの種別によって異なりますが、1アカウントに対して必ず5、6人の専門チームを組んでいます。

推奨するインスタグラム運用チームの基本型

コンサルタント/プロデューサー/運用ディレクター/コンテンツディレクター/

クリエイター／オペレーター／ディグラーなど経験や知識を有する人材の採用にこだわり、インスタグラムを成功に導くためのマニュアルを独自開発し、プロフェッショナルの育成にも力を入れています。

最初からインスタグラムの運用を軽視していたのでは、期待する成果など得られません。「ビジネスに貢献するインスタグラム」を本気で目指すのであれば、ウェブサイトと同様に専門家による運用チームを作って運用することをおすすめします。

Q6 フォロワーを増やすことばかり考えてしまい、手段が目的化してしまっているのではないか？

多くの企業が「フォロワー数」をインスタグラム運用の評価指標としています。その理由は、運用に成功している企業はほぼ漏れなく、相当な数のフォロワーを獲得しているからです。しかし、「どの企業もそうだから」といった発想でフォロワー数を評価指標とするのは危険です。理由はシンプルで、「フォロワー数と売上は必ずしも比例しない」からです。

以前、大手メーカーのブランディング担当者から「現在のアカウント運用では効果が出ていないのでアドバイスがほしい」という相談が届きました。

このメーカーは広告やキャンペーンを駆使し、1年間で20万以上のフォロワーを獲得していましたが、フォロワー数と売上について全く相関が見られなかったそうです。

アカウントを見ると、「フォローしてくれたら無料でプレゼント」という投稿がタイムラインの大半を占めていました。たしかに、広告やキャンペーンは一時的にリーチとフォロワーを獲得する上で有効な手段であり、悪い方法ではありません。ただし、フォロワー数を評価指標にしていると、手段が目的化してしまう可能性が高くなります。実際、このブランディング担当者も「フォロワーを獲得したのに売上が増えなかった」と話していました。

多くの人が誤解していますが、「フォロー」という行為はあくまでも「企業と顧客との関係のスタート」です。インスタグラムの運用において最も重要なのは、「フォローしてもらうまでの施策」ではなく、「フォローしてもらってからの関係性作り」です。

インスタグラムの運用は、人間同士のコミュニケーションと同じです。結婚が幸せのゴールではなく、結婚してからの関係作りこそ、最も重要だという話ともよく似ています。プレゼントキャンペーンで獲得したフォロワーの大半はプレゼントが目的ですから、「フォロワーが商品を買ってくれなかった」という考えは筋が通りません。「ディナーをご馳走したのに付き合ってくれなかった」と言っているのと同じです。

フォロワーを獲得する施策を考える際は、「フォローしてもらった後、どうやって良好な関係性を構築し、継続していくか？」をセットで考えるようにしましょう。

ちなみに、「フォロー」は関係性のスタートにすぎませんが、アルゴリズム的な観点で言えば、フォローされているというメリットは確実にあります。インスタグラムでは、「L—

VE配信のプッシュ通知」「ストーリーズ配信」「ホームのタイムライン配信」「承認済みアカウントからのDM送信」などの機能を使ってフォロワーに情報発信できるようになるからです。

Q7 今、必要なのはインスタグラム運用ではなく、「インスタグラム広告」ではないか？

エンファム、では「リトル・ママ（@littlemama_official）」という育児メディアを運営しており、会員（フォロワーも含む）となる子育てママさんが26万人以上登録しています。2020年11月、その会員向けに「最もよく使うSNSはなんですか？」というアンケートを実施しました。

1位　LINE　94％
2位　インスタグラム　61％
3位　Twitter　32％
※株式会社エンファム、「リトル・ママ」会員アンケート（n＝2555）

普及率が圧倒的なLINEを例外とすれば、2位と3位では約2倍の開きがあります。

子育て世帯の利用者が急増しているインスタグラムは、子育てママさん向けのプロモーション手法としても注目を集めています。エンファム．にも「インスタグラムアカウントを作って、商品情報を子育てママさんに届けたい」という相談がたくさん寄せられています。

しかしながら、ここで一度立ち止まって考えたいと思います。

「インスタグラムを通じて子育てママさんに効率的にリーチする」という目的を達成するために、アカウント運用は本当に有効な手段なのでしょうか？

実は、インスタグラムで企業から特定の情報を伝えたい場合、「アカウント運用」よりも「広告出稿」のほうが効果的なアプローチになる可能性が高い場合があります。

その理由を詳しく見ていくために、インスタグラムにおける「アカウント運用」と「広告出稿」それぞれの目的を見てみましょう。

【インスタグラムのアカウント運用の目的】
・ファンの口コミ発信によるブランド認知拡大
・コンテンツ発信による潜在層獲得
・コミュニケーションによるファンとの関係性作り

【インスタグラムの広告出稿の目的】
・理想の顧客候補に「効率的」に数多くリーチする

・理想の顧客候補に「短期的」に数多くリーチする
・短期間で特定の「商品・サービス」のページに多く遷移させる

いかがでしょうか？ 同じインスタグラムでもアカウント運用と広告出稿では全く目的が異なることがわかります。

アカウント運用は、継続的に価値を発信し続け、多くのフォロワーとコミュニケーションを取りながら中長期的に関係性を作り上げていくものです。そのため、短期的に顧客候補にリーチすることはできませんが、長期的に捉えるとニーズを誘引する有効な口コミを生み出せる可能性を秘めています。

一方の広告出稿は、広告出稿時に情報を届ける対象としての顧客候補が設定できるため、顧客候補に対して効率的に情報をリーチすることができます。また、通常のフィード投稿と違い、特定リンクに飛ばすことができるため、ニーズさえマッチすれば短期的に数字を上げられる可能性もあります。

ただし、できることは「ただの情報のリーチ」であるため、長期的な関係構築には不向きです。また、広告出稿は長期的に捉えるとコストが高くなっていく可能性があるため、あくまでもリーチを増やすための短期的な手段として捉えることが重要です。

「インスタグラムって効果出ないね」といった結果を招かぬよう、インスタグラムの活用を考える際は、目的をしっかりと見定めた上で、「アカウント運用」と「広告出稿」の両方を選択肢に入れながら、本当に必要な施策をチームで検討するようにしましょう。

Q8 「一貫性のある世界観」ばかり気にしてしまい、価値あるコンテンツを作れていないのではないか？

「インスタグラムは一貫性のある世界観が大切だ」という話をよく聞きます。たしかにこれは間違いありません。ただし、「なぜ、一貫性のある世界観が大切なのか？」という理由もしっかり理解しておかないと、本当に重要な施策を疎かにしてしまう危険性があります。中には、「一貫性のある世界観を作る自信がないため、インスタグラムは難しい」という判断をして、運用自体を開始できない企業もあります。

なぜ、一貫性のある世界観が大切なのでしょうか？

理由は簡単です。一貫性のある世界観を有するアカウントは「新しく出会った人のフォロー率が高い」からです。

「一貫性のある世界観」とは、「コンテンツが提供する価値が一貫している」ということ。つまり、アカウントが提供するメリットが、例外なく全てのコンテンツでしっかりと提供されている状態です。

情報の受け手としても、投稿一覧をパッと見ただけで「このアカウントをフォローしたら、定期的に自分のほしい情報が手に入る」というフォローメリットを一瞬で感じ取ることができるため、結果としてフォロー率が上がります。

ただし、「一貫性のある世界観」にこだわる前に、実はもっと大切なことがあります。それは、「まずは価値あるコンテンツを一つ作りきる」ことです。

これを理解するためには、「人はなぜ、アカウントをフォローするのか？」を解説していく必要があります。

新しいアカウントとの出合いは、常に「一つのコンテンツ」から始まります。偶然見つけた一つのコンテンツに対して、その人から「なんか好きかも」「自分に合っているかも」「同じような投稿がこれからもほしい」といったニーズを引き出さないことには、フォロワーを増やすことができません。

「トーン&マナーをきちんと意識して、一貫性のある世界観でコンテンツを投稿しているのに、フォロワーが増えない」

こうした悩みを持つアカウントは、そもそも一つひとつの投稿コンテンツの魅力（価値レベル）が乏しいために、プロフィールまで到達する人が少ない可能性があります。

「一貫性のある世界観」というトラップにはまってはいないか？

チームの現状を確認する意味でも、この問いについて考えてみましょう。何より、世界観の統一に意識を向ける前に、まずは目の前にある一つひとつのコンテンツを魂を込めて作る。全てはそこから始まります。

Q9 フォロワーに期待されていることをうまく理解できていないのではないか？

ブランドや商品の公式アカウントを開設する場合、想定するフォロワーは３つのタイプに分けられます。

1．ブランド（企業、商品・サービス）のファン
2．商品購入検討者
3．価値観の共感者

それぞれが「何を期待しているのか？」、それぞれに「何を発信するべきか？」を解説していきます。

1．ブランドのファン

ここでは、ファン＝「商品を購入し続けてくれる顧客」と定義します。

ファンはすでに商品を購入したことのある顧客であり、商品の魅力を口コミ発信してくれる大切な存在です。そんなファンが公式アカウントに期待しているのは、「そのブランドをもっと好きになる理由」です。

ファンは誰かに頼まれてブランドを好きになったわけではありません。極めて個人的で明確な「好きになる理由」があって好きになっています。だからこそ、企業はそのようなファンを心から肯定し、賛辞を贈ることで、社会において「ブランドのファンであること」がステータスになるような情報を発信していく必要があります。

ある地方都市で人気を集めていた小さなカフェが、東京の有名な商業ビルに出店することが決まり、インスタグラムで開店準備の様子を連日投稿していました。そのフィードをたどると、従来の投稿よりも「いいね」と「コメント数」が多くついています。コメント欄には「すごい！」「地元の誇り！」「頑張れ！」といった言葉も並んでいます。

応援していた地元のお店が世間に認められていく様子を見るのは、ファンにとって自分のことのようにうれしいものです。このお店を好きな自分まで肯定され、世間に認められたような気持ちになるのでしょう。

「もっとブランドを好きになる理由」を考えるためには、ブランド価値を言語化することが有効です。様々なリサーチを通じて「お客様の認識」＝ブランドに対して抱いている本質的な価値を正しく把握できれば、そこから「もっとブランドを好きになる理由」を作り出すことができるようになります。

2. 商品購入検討者

商品に興味を持った人は、意思決定に役立つ情報を入手するために、企業やブランドの公式アカウントをフォローする傾向があります。こうした「商品購入検討者」が期待しているのは、「商品購入後の失敗リスク＝不安を解消してくれる情報」です。

買い物をする時、人は「購入後の失敗リスク」を思い浮かべます。そのため、公式アカウントでは「商品購入検討者」の懸念事項を解消する投稿を心掛ける必要があります。

その方法はいくつかありますが、代表的なものをお伝えします。

1つは「Q＆A回答」です。自社に寄せられる「よくある質問」をコンテンツとして投稿する方法です。懸念事項への回答はもちろん、上手に使いこなすためのコツなどをコンテンツ化することで、不安を解消するだけでなく、「購入して使ってみたい」という気持ちを抱かせるような工夫ができると効果的です。

もう1つは「購入後に実現する『コト』発信」。これによって購入の意思決定を後押しすることが可能になります。

有名なアウトドアブランド、「コールマンジャパン（@coleman_japan）」の「ホットサンドイッチクッカー」の紹介投稿を見ると、商品そのものではなく、完成したサンドイッチに焦点を当て、それがあるキャンプの一風景を投稿しています。これを見た時、私は思わず「キャンプでホットサンドイッチを作って食べてみたい！」という気持ちになりました。

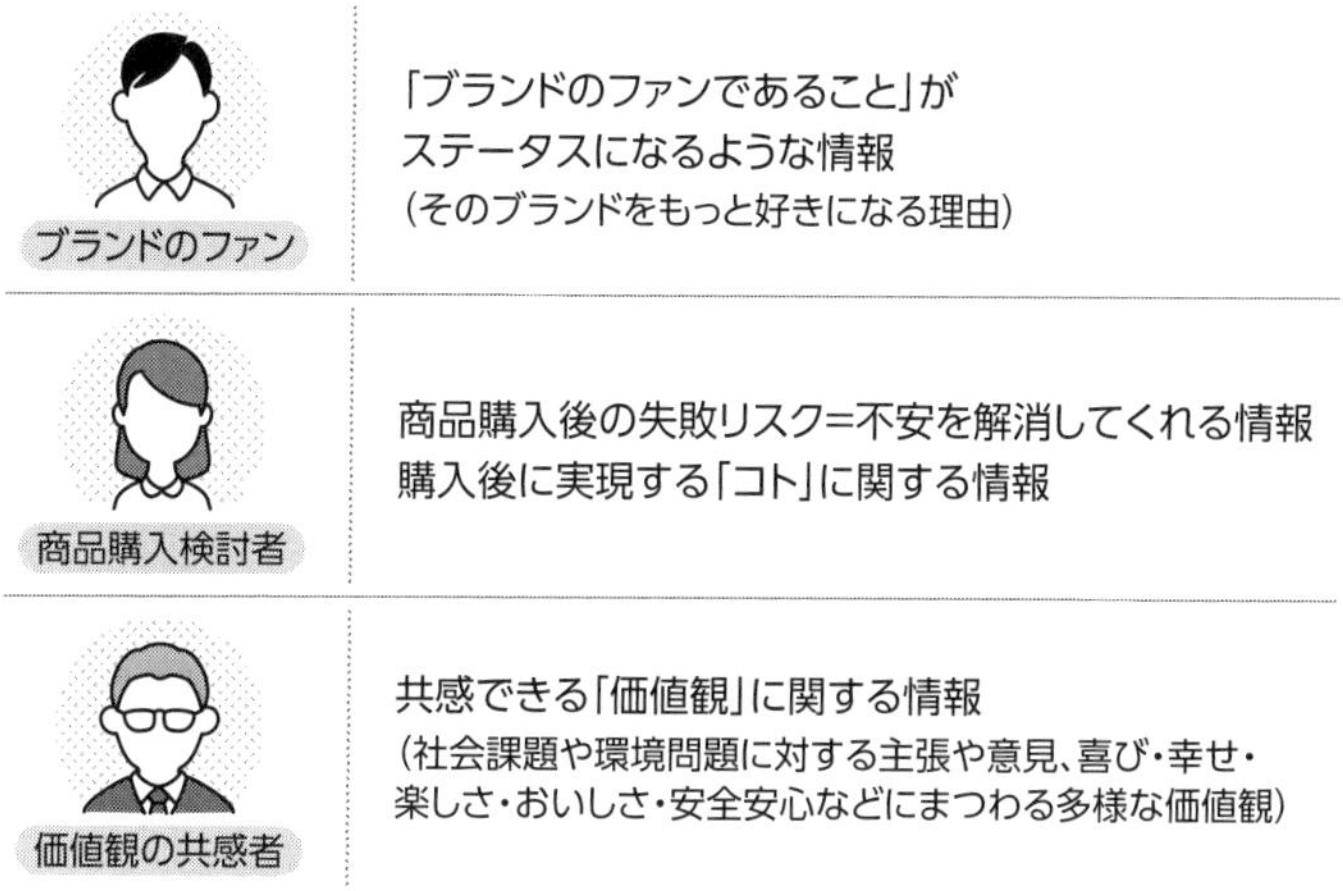

図18 フォロワーのタイプ別「発信すべき情報」

このように、購入後に実現する「コト」に焦点を当てた投稿を行うことで、商品購入検討者が抱く購入後の失敗リスクをビジュアルでもって解消し、さらには上手にニーズを喚起することができます。

3．価値観の共感者

この世の全てのブランド・商品・サービスは「価値観」を持ち合わせています。

例えば、「お金だけでは幸せにはなれない」というのは一つの価値観です。「お金」という物事に対して、「幸せにはなれない」という個人的な視点・主張を示しています。企業が公式アカウントで発信すべきものの一つが、この「価値観」です。

インスタグラムの利用者は、自分の価値観に合ったモノ・コト・ヒトとの新しい出合いを望んでいます。そのため、企業が発信した価値観に共感してフォロワーになる人は、顧客になることはもちろん、ファンになってくれる可能性が非常に高くなります。

最近は社会課題や環境問題の解決に貢献したいといった価値観を主張する企業アカウントが増えていますが、それだけでなく、前述した2つの企業事例のように、人生や生活の中にある「喜び」「幸せ」「楽しさ」「おいしさ」「安全安心」に関するものなど、この世には様々な価値観が存在しています。

商品自体に強い興味がなくとも、「価値観に共感する」という理由でブランドのファンになる人はたくさんいます。そして、価値観に共感してつながったファンは、価格や機能などを理由として離れることもありません。そうした点でも、価値観の発信は企業のインスタグラム運用において特に重要な意味を持つのです。

フォロワーのタイプを知り、それぞれがどのような発信を求めているのかを理解すれば、「伝えたいこと」が洗練され、しっかりと伝わるようになります。

ぜひ、自分たちのアカウントがどのタイプの顧客に向けて投稿していくのかの優先順位を考えてみてはいかがでしょうか。

おわりに

私は2015年、株式会社エンファム．に新入社員として入社し、現在は取締役CMOとして勤務しています。2023年春にはSNSマーケティング支援事業を強化すべく、「株式会社ナインクラフト」を立ち上げ、その代表取締役も兼務しながら、様々なクライアント課題に対応できるよう日々研鑽《けんさん》を重ねています。

エンファム．は「世界中の子どもたちを笑顔にする」をビジョンとして掲げるエンタメディア企業です。「情報誌」「WEB・アプリ・SNSメディア」「イベント」が三位一体になった「リトル・ママ」という育児メディアを運営しています。情報誌は月間30万部、WEB・アプリ・SNSメディアは登録者26万人以上、全国で開催しているイベントは年間来場者10万人と、育児メディアとして日本屈指の規模を誇っています。

その中で私は、営業→エンジニア→開発PM→マーケターと立場を変えつつ、リトル・ママメディアの成長過程で様々な関わり方をしてきました。現在は、広告主のSNSマーケティング支援を行う部署を統括し、「パーパス・ベースド・インスタグラム」を中心としたノウハウを用いて企業SNSアカウントの企画から運用までをご支援しています。

結果だけ見れば、SNSマーケティング支援事業は、社内はもちろん、クライアントの皆様にも少なからず貢献してきました。株式会社吉野家様、リンベル株式会社様、株式会社LIXIL住宅研究所様、株式会社ダスキン様、西部ガス株式会社様など、いくつものアカウントを大きく伸ばすことに成功し、売上増に直結する成果も数多く生まれています。中には毎月1000万円以上の売上増につながったケースもあるなど、「リトル・ママメディア×SNSマーケティング支援」のサービスは確実に結果を生み出すことができています。

客観的に見てもエンファム．のSNSプロジェクトは顧客満足度が高く、ビジネスとして十分成り立つ事業モデルを作れたとは思っています。しかし、そのような成果を出しながらも、私の心にはどうしても取れない「つかえ」のようなものがありました。それは「今の自分の実力では貢献できない企業があった」というものです。

自分の考えた戦略がうまくいかなかった。

自分の考えたコンテンツが伸びなかった。

自分が指揮したチームで結果を出せなかった。

契約途中でプロジェクトが打ち切りになったり、契約後にアカウントの運用を止めてしまったりと、今でも思い出すだけで悔しさが込み上げてくるほどです。

私は悔しさをばねに試行錯誤し、とにかくがむしゃらにやってきました。中には、細かな点を見直すことで改善できたものもありましたが、それでもまだ改善レベルが足りないと思った私は、もっと根本的な変化や発想の転換を求めました。

そのようにしてもがいていった結果、私は大切なことに気がつき、それが今回の「パーパス・ベースド・インスタグラム」の開発につながり、私が代表を務める株式会社ナインクラフト誕生のきっかけとなりました。

従来、SNSマーケティング支援において私が行っていた方法は、「魅力的なコンテンツを発信して潜在顧客との出会いを作る」というアプローチ方法でした。90％のクライアントはこの方法で大きく伸ばすことができました。しかし、残りの10％の企業は思うような結果につながりませんでした。

私はありとあらゆる原因を考えました。たくさんの人に会い、様々な話を聞きました。そして、一つの仮説に行き着きました。それは、「広告を活用した施策を増やしたほうが良いのではないか？」という仮説です。

私が行っていた方法は、魅力的なコンテンツを発信してオーガニックで伸ばしていくというスタイルだったため、基本的に広告を大きくかけていくことはありませんでした。しかしながら、オーガニックによる伸びが悪い場合、数字は極端に鈍化してしまいます。

そこで、広告を活用することで効果を補完し合うことができないかと考えたのです。一般的に、短期的な数字の跳ね返りを目的としたマーケティングを「ダイレクトレスポンスマーケティング」と称しますが、まさにこの考え方が足りないのではないかと考えたわけです。

私は早速、ダイレクトレスポンスマーケティングを専門とする代理店にコンタクトを取り、話を聞きに行きました。

短期的な目標達成を第一義とする彼らは、とにかく様々な方法論を言語化していました。バナーのクリック率を上げるための方法、ランディングページに流入した顧客を可能な限り申し込みにつなげるテクニック。ＡＢテストを繰り返すことでわかってきた事実を、彼らは数字的根拠をもって明確に示してくれました。正直なところ、勉強になることばかりで、これをやれば結果が出るだろうということは容易に想像できました。

ただ、彼らの話を聞きながら、１つの疑問が私の頭に浮かびました。それは「彼らが担当するブランドの顧客が彼らの話を聞いたら、どう思うのだろうか？」という疑問です。

スマホを扱う人間の無意識を攻略するために、彼らは多種多様な知識やテクニックを持ち合わせていました。例えば、「『初回特典をお試しする』というボタンを用意すれば、人は気軽にクリックをする。そのボタンをクリックした先で定期便を売り込めば、高い確率で売れる」といったテクニックもその１つです。そのほかにもたくさんの「ハック方法」があり、それらを自慢げに話してくれました。

すごいなとは思いました。でも、自分の好きなブランドが裏でそのようなことをしていたらちょっと嫌だなと思ったのも事実です。とはいえ、実際に顧客に言うわけでもなく、私はこの業界に対して無知だったため、気にしすぎなのかなと思い、そのままにしていました。

そして後日、私はたくさんのダイレクトレスポンスマーケティングの知識を携えて、ご支援しているクライアントのもとへ向かいました。

打ち合わせでは付け焼き刃の知識を意気揚々と披露し、ダイレクトレスポンスマーケティングの必要性を訴えました。その時のクライアントの様子は今でも鮮明に覚えています。だんだんと顔が曇り、明らかに私の話に違和感を覚えているのがわかります。

プレゼンを終え、私はおそるおそる感想を聞きました。クライアントはゆっくりと口を開き、ピシャリとこう言いました。

「そういうことをやれば売上は作れるかもしれない。でも、だからなんなのだ？ 私たちは顧客をただの数字のように扱って売上を作りたくはない。そのようなことをしては気持ちよく眠れないじゃないか。君に求めているのはそういうことではないんだ」

私は頭をハンマーでガーンと打たれたような気持ちになりました。

このクライアントは「顧客をただの数字のように扱って売上を作ることはしたくない」という明確な価値観を持っていました。そして、この考え方は、私が普段からクライアントに伝えてきた「人を人として扱うマーケティングを中心に据えよう」という価値観と共鳴するものでした。私がそのような価値観を持っていたからこそ、このクライアントは私をパートナーとして選んでくれたのです。それなのに私は結果が出ない悔しさから、目に見える「数字」を追い求めるあまり、大切なことを見失っていたのです。

私はショックを受けました。そして、自分の言動を激しく後悔しました。

人は誰しも、自分なりの価値観を持っています。「お金で全ての幸せが買える」というのも価値観であり、「お金で幸せは手に入らない」というのも価値観です。価値観に正解はなく、あるのは共感するか、しないかだけ。このクライアントからいただいた言葉も、一つの価値観です。

「お金は手に入れば良いというものではない。私たちが大切にしたい価値観を貫き通しながら、人の役に立つことで利益を生み出す。そうでなければ、なぜビジネスなんてやるのだ？楽をして効率よく結果を生み出したいのであれば、君を選ばない。簡単ではないが、私たちが理想とする方法で結果を生み出していく道を共に歩めると思ったから、君を選んだのだ」

このような言葉で直接クライアントから言われたわけではなかったのですが、私はそのような意味合いとして受け取りました。

私はこの件を通じて大きな気づきを2つ得ました。

一つは、今一度自分自身が大切にしている価値観に自信を持ち、さらに深めていく必要があるということです。

自らが考えた方法で結果が出ないことに焦るあまり、私は無意識に自分の価値観とは異なる方法に「答え」を見いだそうと躍起になっていました。しかし、私が本来評価されていたのは、「顧客との本物の関係性」という目に見えない大切なものを愚直に作り上げていくという姿勢でした。足りなさがあったとすれば、その姿勢の至らなさであったと今では深く反省しています。欲をかかず、初心に返り、何を大切にしていくかをもっと煎じ詰めて考える必要性を強く感じたのです。

もう一つの気づきは「パーパスの可能性」です。

今回、クライアントは「顧客の期待に応えるワクワクする商品を作り、届ける」というパーパスを持っていました。そして、そのパーパスを軸にして生まれる次のような価値観を大切にしていました。

「顧客を数字のように雑に扱って売上を作りたくはない」

「自分たちが世間に対して誇れるやり方でマーケティングをしたい」

私はこの価値観に強く共感しました。

人に伝わった価値観は相手の共感を生み出します。そして、うまくいけば、その共感を中心に新たな仲間ができ、コミュニティが生まれます。そのようにしてできたつながりは簡単に切れるものではなく、「ファン」と呼べる間柄になる可能性もあります。私は「パーパスを考え抜いたことで生まれる価値観というものを企業の発信に取り入れることで、ファン作りに生かすことができるのではないか」と考えました。

また、パーパスが定まっていることで生まれるのは価値観だけではありません。うまく説明するのは難しいのですが、明確なパーパスが定まると、そのクライアントの発する言葉や会社全体の佇《たたず》まいから「オンリーワンのスタイル」が醸し出されるようになり、その会社の魅力につながっていくものなのです。今回、指摘していただいたクライアントも、やはり魅力的なスタイルを兼ね備えていました。これをもう少しプロダクトや顧客側に引き寄せて考えていけば、多くの人の共感を継続的に作ることができるはずだと考えたのです。

この2つの気づきを得た瞬間、カチッと音を立てて、私の中のノウハウが新たなフェーズに進化していくのがわかりました。

すぐにサービス資料を書き直し、わいてくる様々なアイデアや考えを形にして、プロダクトの説明資料に落とし込んでいきました。そして、契約検討中の企業に対して「パーパス・コンセプト・価値観・スタイル」を軸にした戦略設計における考えを伝え、これがいかに大切かについて熱弁しました。結果は予想以上でした。提案する企業の大半が「これをやりたかった」と共感し、契約が次々と決まっていったのです。

「今までのSNSマーケティング支援の提案では、数字を使ったシミュレーションしかなされなかった。こんなにワクワクする提案は初めてです」

少なくない企業から期待した以上の反応をいただき、自信が確信に変わった私はさらにサービスをブラッシュアップ。そのようなサイクルを繰り返し、「パーパス・ベースド・インスタグラム」という考え方を確立させていきました。以後は、ご支援する企業のアカウント運用の伸びや企業満足度は常に高い値を示すようになり、いくつもの業界ナンバーワンフォロワー数の記録を打ち立てていきました。

エンファム．も2001年の創業以来、過去最高売上を記録。SNSマーケティング支援事業は数字として大きな貢献を果たすことができました。

このように目に見える結果が伴ったことはうれしかったのですが、私にとって何よりかけがえのない喜びとなったのは、もがき続け、試行錯誤してようやくたどり着いた考えに多くの人が共感してくれたことだったのです。

アントワーヌ・ド・サン＝テグジュペリの小説『星の王子さま』（新潮社）の一説に、こんなセリフがあります。

「ものごとはね、心で見なくてはよく見えない。いちばんたいせつなことは、目に見えない。」

これは、王子さまとお別れをする直前、キツネが教えた秘密の言葉です。世界中の多くの人が共感するキツネの価値観であり、私も大好きなシーンです。

「良き人生を過ごすための秘訣」としてキツネの価値観を考えた時、これを否定する人は少ないと思います。では、「良きマーケティングを行うための秘訣」としてキツネの価値観を持ち出したらどうでしょう？　共感する人はグッと少なくなると思います。数字を「いちばんたいせつなこと」として考えていると、そのようなことが起きるのだと私は考えます。

ビジネスは意思決定の連続であり、その重要な判断材料となる数字は、ビジネスに携わる人にとって空気や水に等しいものだと言えるでしょう。人は空気や水がないと生命活動を維持できません。それが大事なものであることは間違いありません。しかし、空気や水を得ることだけを考えて過ごす人生が、果たして良き人生と言えるでしょうか？　これは「マーケティング」と「数字」の関係に当てはめて考えるべき、重要な問いであると私は思います。

「空気や水」が人生における「いちばんたいせつなこと」ではないように、「数字」がマーケティングにおける「いちばんたいせつなこと」になることはありません。当たり前の話ではありますが、現実の世界ではこの当たり前を忘れてマーケティング施策を行っているチームが少なくないのです。そして、数字を「いちばんたいせつなこと」とみなす効率至上主義は、短期的に見れば問題なくとも、長期的に見れば顧客や従業員、あらゆるステークホルダーとの関係性において支障をきたす原因になります。

私たちは、企業のマーケティングにおける「いちばんたいせつなこと」を取り戻す存在になりたいと考えています。

「いちばんたいせつなことは、目に見えない。」

これが、私たちが大切にしたい「価値観」です。ビジネスシーンにおいて、キツネの価値観に共感してくれる方がどれくらいいるかはわかりません。しかし、少なくとも私は、キツネの価値観は企業のマーケティングにおいて何よりも大切なものになると信じています。

最後に、本書を執筆する上でご協力いただいた西部ガス株式会社様、リンベル株式会社様に感謝申し上げます。また、私の散らかった文章を一冊の本に仕上げてくれたＰＨＰエディターズ・グループの太田修一郎さん、本を執筆するきっかけをくれた株式会社エンファム.の森光太郎社長と経営メンバーにも、この場を借りて感謝を伝えたいと思います。

そして何より、ＳＮＳマーケティング支援事業を一緒に進めてくれたエンファム.の社員とチームメンバーのみんな、本当にありがとうございました。

皆さんがいなければここまでたどり着けず、私自身もこのような素晴らしい経験をすることはできませんでした。まだまだ旅路の途中ですが、これからも一緒に新たな景色を見るために、試行錯誤していきましょう。その景色の中にある「目に見えないもの」がきっと、私たちの人生をより良くしてくれるはずだから。

２０２３年６月

鄭 泰玉

株式会社エンファム.
へのお問い合わせはコチラ

日本トップクラスの影響力を持つ子育てメディアとママ目線の運用ノウハウを駆使して、企業のSNSアカウント運用をサポートします。

株式会社NineCraft
へのお問い合わせはコチラ

企業が展開するSNSアカウントに対し、「フォロワーにとっての存在目的」からコンセプトを設計し、ブランド価値向上・売上改善につなげるブランディング支援のコンサルティングをいたします。
アカウントの「パーパス」を設計することで、対象マーケットがより明確となり、施策や戦略確度を高めることが可能です。

《著者略歴》
鄭　泰玉（チョン　テオギ）
株式会社 NineCraft 代表取締役社長。株式会社エンファム．取締役ＣＭＯ。2015年、株式会社エンファム．に新卒入社し、2022年に立ち上げたファンマーケティング事業で創業以来の過去最高売上に貢献。株式会社吉野屋様、株式会社 LIXIL 住宅研究所様など数多くの企業のＳＮＳマーケティングに戦略から携わる。転職経験はないにもかかわらず、営業、エンジニア、開発ＰＭ、マーケターと１～２年ごとに自らの役割を変えてクライアント課題に向き合いながら、プライベートでは小説を執筆して文学賞を２度受賞するなど異色の経歴を持つ。

パーパス・ベースド・インスタグラム
本気でブランドをつくりたい人のためのインスタグラムの教科書

2023年７月26日　第１版第１刷発行

著　者　　鄭　泰玉
発　行　　株式会社ＰＨＰエディターズ・グループ
〒135-0061　東京都江東区豊洲5-6-52
☎03-6204-2931
http://www.peg.co.jp/

印　刷
製　本　　シナノ印刷株式会社

ISBN978-4-910739-33-5